Das Orakel der Mlle Lenormand

Erna Droesbeke von Enge

Das Orakel der Mlle Lenormand

Anleitung zur Interpretation
der Mlle Lenormand-Karten

Urania Verlags AG

Das Orakel der Mlle. Lenormand
von Erna Droesbeke von Enge

aus dem Niederländischen übersetzt von
Hildegard Höhr und Theo Kierdorf

8. Auflage 1999

ISBN 3-908644-69-0

© 1988 by Urania Verlags AG, Neuhausen
Alle Rechte der Verbreitung, auch durch Funk,
Fernsehen, fotomechanische Wiedergabe, Tonträger
jeder Art und auszugsweisen Nachdruck, vorbehalten.
Urania Verlags AG, CH-8212 Neuhausen

Printed in Germany

Inhalt

1. Wer war Mademoiselle Lenormand	7
2. Wie man die Karten legt	9
3. Die Befragung	11
4. Kurze Interpretation der Schlüsselbegriffe	15
5. Traditionelle Bedeutung und modernes Orakel der 36 Karten von Mlle. Lenormand	17
6. Verschiedene Methoden zum Auslegen der Karten mit Beispielen	89
a) Das Neunerschema	89
b) Das Kreuz von Gegenwart, Vergangenheit und Zukunft	94
c) Das Kreuz des Schicksals oder das karmische Kreuz	97
d) Die traditionelle „Weit entfernt/nahebei"-Methode	99
e) Kurze Interpretation der Schlüsselbegriffe für die traditionelle „Weit entfernt/nahebei"-Methode . . .	101
– Beispiel für eine Frau	107
– Beispiel für einen Mann	117
f) Die „Weit entfernt/nahebei"-Methode in Vergangenheit, Gegenwart und Zukunft	131
7. Über die Autorin	139

1. Wer war Mademoiselle Lenormand?

Mlle. Lenormand ist heute auf der ganzen Welt als Wahrsagerin bekannt und berühmt. Dies verdankt sie vor allem den nach ihr benannten Karten, die vermutlich nach ihren Anweisungen entworfen wurden. Wer war diese Hellseherin?

Mlle. Lenormand wurde am 27. Mai 1772 in der französischen Stadt Alençon geboren und starb im Alter von 71 Jahren am 25. Juni 1843 in Paris. Ihr Vater war ein wohlhabender Tuchhändler, der seine Tochter in einem Klosterinternat erziehen ließ, wo sie bereits als Kind voraussagte, die Oberin des Klosters werde versetzt werden – was zum Erstaunen aller auch tatsächlich eintraf.

Nach dem Tode des Vaters zog die Familie völlig verarmt nach Paris. Dort wurde Mlle. Lenormand in die Geheimnisse des Kartenlegens nach der alten französischen Tradition eingeweiht und eröffnete zusammen mit einer anderen Hellseherin einen „Salon", in dem man sich mit Hilfe von Karten und anderen Methoden (beispielsweise der Astrologie) die Zukunft voraussagen lassen konnte.

Im Jahre 1793 statteten drei Männer Mlle. Lenormand einen Besuch ab, die später eine wichtige Rolle in der französischen Geschichte spielen sollten: Marat, St. Just und Robespierre. Allen dreien sagte sie einen gewaltsamen Tod voraus: Einer würde ein ruhmreiches Begräbnis erhalten, die beiden anderen würden vom Volk verhöhnt und verspottet werden. Die Geschichte hat ihr recht gegeben!

Berühmt machte Mlle. Lenormand vor allem, daß sie die

französische Kaiserin, Joséphine de Beauharnais, die Gemahlin von Napoleon Bonaparte, regelmäßig beriet.

Mlle. Lenormand bewegte sich in den „besseren Kreisen" Frankreichs, die sich in den „Salons" trafen, und dort wurde sie auch Joséphine Beauharnais vorgestellt.

Sie sagte Joséphine voraus, sie werde einst zusammen mit ihrem Mann, Napoleon, den französischen Thron besteigen. Als Napoleon davon erfuhr, brach er in lautes Gelächter aus. Doch auch in diesem Fall behielt Mlle. Lenormand recht. Ihr Ruf festigte sich.

Ihr Salon in der Rue de Tournon in Paris wurde von allen besucht, die von der „Sybille van de Faubourg Saint Germain" etwas über ihre Zukunft und ihr Schicksal erfahren wollten. Ihr Ruhm verbreitete sich auch rasch im Ausland.

Mlle. Lenormand hat zu ihrer Zeit der Kunst des Kartenlegens zu neuem Ansehen verholfen. Heute ist diese Wahrsagerin nicht in erster Linie wegen ihrer Voraussagen bekannt, sondern wegen der nach ihr benannten Kartenspiele. Diese werden auf der ganzen Welt seit langem mit Erfolg verwendet.

Das vorliegende Buch wurde aus dem Buch „Kaartenleggen met Mlle. Lenormand" (Kartenlegen mit Mlle. Lenormand, Erna Droesbeke, Parsifal Verlag, Antwerpen, Belgien) entwickelt. Es ist eine Anleitung zum Wahrsagen mit den 36 Karten von Mlle. Lenormand.

2. Wie man die Karten legt

Machen Sie sich von allen Gedanken und Gefühlen frei, die Sie beschäftigen und beeinflussen könnten. Nur wer innerlich ruhig ist, kann sich ein klares Bild von den Karten machen, die gedeutet werden sollen.

Achten Sie auf eine ruhige und angenehme Atmosphäre. Weihrauch oder ätherische Öle können diese fördern, und auch frische Blumen und eine weiße brennende Kerze können inspirierend wirken, da sie höhere Wesenheiten anziehen.

Konzentrieren Sie sich, während Sie die Karten gut mischen, auf die Frage, die Sie stellen wollen. Formulieren Sie die Frage immer so, daß die Antwort sich auf die *Entwicklung* der Situation bezieht. Die Karten geben stets ein Bild von der Situation wieder. Fragen Sie deshalb: „Wie wird sich dieses oder jenes entwickeln?" und niemals: „Wird dieses oder jenes geschehen?" Im letzteren Fall müßte die Antwort „ja" oder „nein" lauten, und für solche Fragen ist ein Pendel besser geeignet. Erst wenn Sie einige Erfahrung im Kartendeuten gewonnen haben, können Sie sich auch an solche Fragen heranwagen.

Auch „Wann"-Fragen sind sehr problematisch. Stellen Sie Ihre Fragen möglichst so, daß die Zeitbestimmung schon darin enthalten ist. Geben Sie am besten eine Jahreszeit an, da Jahreszeiten eine bestimmte Periode im Leben einer Person symbolisieren können. „Zeit", so wie wir sie in unserer materiellen Welt kennen und handhaben, gibt es in der „Welt des Unsichtbaren" nicht. Wir Menschen haben die Zeit für die materielle Welt erfunden, um Ordnung in unser Leben zu bringen und leichter Verabredungen miteinander treffen zu können.

Wenn Sie beim Mischen der Karten die Frage gestellt haben,

9

dann legen Sie die Karten nach einer von Ihnen gewählten Methode aus. Sie sollten sich unbedingt *vorher* auf eine Methode festlegen, um nicht in Verwirrung zu geraten. Nachdem sie die Karten ausgelegt haben, schauen Sie zuerst nach, wo Ihre Personenkarte liegt und ob „gefährliche" Karten wie die Karte Nr. 6 (Wolken) in der Nähe liegen. Beginnen Sie bei diesen Karten mit der Deutung. Selbstverständlich müssen Sie die Symbolik jeder einzelnen Karte gründlich studiert haben, bevor Sie die Karten sinnvoll deuten können.

Sehr wichtig ist auch die Beziehung zwischen den einzelnen Karten. Genau das macht die Kunst einer Hellseherin oder Kartendeuterin aus: Sie muß Zusammenhänge sehen und herstellen, bis sie ein vollständiges und klares Bild von der Situation entwickelt hat. Die Karten können die Zukunft nicht voraussagen – das ist Ihre Aufgabe! Die Karten sind nur das Medium. Sie fördern das, was Sie intuitiv sehen, zutage, so wie ein Maler mit Pinsel und Farbe das auf die Leinwand bringt, was er innerlich vor sich hat.

In diesem Buch werden verschiedene Schemata zum Auslegen der Karten besprochen. Entscheiden Sie sich für eines, das Ihnen am meisten zusagt.

Und jetzt: An die Arbeit!

3. Die Befragung

Es stimmt nicht, daß man die Karten nicht für sich selbst auslegen kann. Man kann es ..., nur muß man dabei sich selbst gegenüber absolut objektiv und ehrlich sein.

Wenn Sie sich allerdings täglich selbst die Karten legen, werden Sie wegen der vielen Ratschläge, die Sie erhalten, den Wald vor lauter Bäumen nicht mehr sehen. Sie werden außerdem vermutlich immer wieder die gleichen Karten aufdecken, so daß Ihnen mit der Zeit klar wird, daß Sie sich selbst zum Narren halten. Die Antwort liegt vor Ihnen, aber Sie wollen das, was Sie sehen, einfach nicht akzeptieren.

Ich empfehle Ihnen deshalb, sich selbst höchstens einmal wöchentlich die Karten zu legen und die Kartenfolge, die Sie wählen, jeweils in einem speziell hierfür vorgesehenen Buch zu notieren. Wenn Sie Ihre Kartenlesungen genau protokollieren und datieren, können Sie später überprüfen, ob das, was Sie vorausgesagt haben, wirklich eingetroffen ist. Auch werden Sie auf diese Weise klarer den roten Faden in der Folge der Ereignisse erkennen, so daß Sie mit den Situationen, die auf Sie zukommen, besser umgehen können.

Versuchen Sie zu erkennen, wer Sie sind. Üben Sie sich in der Selbsterkenntnis. Hegen Sie weder sich selbst noch anderen gegenüber Vorurteile.

Um die Zukunft voraussagen zu können, müssen Sie sich zunächst ein klares Bild von der Gegenwart machen. Wer sind Sie? Was wollen Sie? Welche Einstellung zum Leben haben Sie? Und so weiter. Wenn Sie etwas über das Morgen wissen wollen, müssen Sie das Heute kennen, das Jetzt. Selbst(er)kenntnis ist deshalb äußerst wichtig und sollte im Leben eines jeden Menschen eine zentrale Rolle spielen.

Selbsterkenntnis hilft uns, andere zu erkennen. Indem Sie heute wissen, wer Sie sind, werden Sie erfahren, wer Sie morgen sein werden. Die Zukunft wird vom Heute bestimmt. Doch das Heute ist auch eine Erinnerung an gestern, an die Vergangenheit.

Erst wenn Sie sich reif und erwachsen fühlen und genügend Verantwortungsgefühl entwickelt haben, sollten Sie anfangen, für andere die Karten zu deuten. Erst dann können Sie anderen helfen, und die Karten werden für Sie zu einem Spiegel.

Unterscheidungsvermögen, Einfühlung und Verständnis für die Situation – dies sind die wichtigsten Voraussetzungen für das Kartendeuten.

Sie müssen behutsam und objektiv vorgehen. Wenn jemand Sie um Rat bittet, so ist es sowohl für Sie als auch für die/den Ratsuchenden wichtig, *wie* Sie die Antwort geben. Der Ratsuchende gibt sozusagen seine Verantwortung an Sie ab, und Sie dürfen dieses Vertrauen nicht enttäuschen. Eine verständnisvolle Haltung ist deshalb äußerst wichtig. Verletzende Bemerkungen sollten sie unter allen Umständen vermeiden.

Empfangen Sie Ratsuchende in einer ruhigen Umgebung.

Zunächst müssen Sie ein paar einfache Fragen stellen wie: „Sind Sie verheiratet?", „Leben Sie in einer festen Beziehung?" oder "Haben Sie Kinder?" Viel mehr sollten Sie nicht fragen, denn das könnte Ihre Glaubwürdigkeit untergraben.

Bitten Sie die/den Ratsuchende/n anschließend, die Karten zu mischen und sich gleichzeitig auf die Frage zu konzentrieren. Ohne die Konzentration auf eine konkrete Frage können Sie ihm/ihr nämlich nur ein sehr allgemeines Bild über sein/ihr Leben vermitteln.

Sind die Karten gemischt, so muß noch abgehoben werden

12

(die Karten werden geteilt, und das obere Päckchen wird zu-unterst gelegt). Dann können Sie die Karten nach einer vorher bestimmten Methode auslegen. Wählen Sie ein Schema, das möglichst gut zu der gestellten Frage paßt.

Lassen Sie sich nicht von den Erwartungen des Fragestellers mitreißen. Er hat sein Karma (das Gesetz von Ursache und Wirkung). Sie können ihm nur helfen, bestimmte Angelegenheiten in seinem Leben offenzulegen und Einsicht in die eigenen Möglichkeiten zu erhalten.

Wenn Sie in den Karten eine konkrete Anweisung finden, welchen Weg der/die Ratsuchende einschlagen soll, dann müssen Sie sehr vorsichtig bei der Formulierung der Aussage sein. Sehr viel hängt davon ab, und es ist auch eine gewisse Verantwortung damit verbunden. Machen Sie nur dann ganz konkrete Aussagen, wenn Sie sich absolut sicher sind, daß es im Hier und Jetzt, dem Ausgangspunkt für die Zukunft, nur diese eine, richtige Lösung gibt. Trotzdem kann natürlich nur der Betroffene selbst Entscheidungen treffen, die seine Zukunft verändern könnten. Nur er selbst, niemand anders, bestimmt sein Schicksal! Sie können bestimmte Dinge und Möglichkeiten anbieten, aber er selbst muß entscheiden. Hüten Sie sich, jemanden, der Probleme in der Ehe hat, zur einer Scheidung zu überreden. Versuchen Sie vielmehr herauszufinden, wo das Problem liegt, und zeigen Sie Lösungsmöglichkeiten auf.

Wenn sich die Karte Nr. 8 (Sarg) unter den gewählten Karten befindet, dann sagen Sie nicht gleich den Tod voraus! Diese Karte kann auch das Ende einer Situation anzeigen, sie braucht keineswegs den physischen Tod des Ratsuchenden anzukündigen. Hier spielt die Intuition der Kartenlegerin eine wichtige Rolle. „Erklären" Sie bei einer Beratung das Leben des Fragestellers in Gegenwart, Vergangenheit und Zukunft, und geben Sie schließlich auch Antwort auf bestimmte Lebensfragen.

Jeder kann die Karten deuten, doch ist natürlich der eine begabter als der andere. Aber schließlich hat ja auch jeder Mensch in seinem Leben ein unterschiedliches Maß an Lebenserfahrung und Weisheit erworben. Dies sollten Sie bedenken, wenn Sie anderen Menschen die Karten legen!

Wenn Sie negative Dinge zur Sprache bringen, dann versuchen Sie auch immer, eine positive Antwort zu finden oder eine Lösung zu suchen. Stoßen Sie den Fragesteller nicht in ein Meer der Verzweiflung, sondern spornen Sie ihn an, herauszufinden, wie er der Situation eine positive Wendung geben könnte.

Positives Denken, Glauben und Vertrauen können Berge versetzen. Und ... Gott ist auch noch da.

4. Kurze Interpretation der Schlüsselbegriffe

Karte 1	Der Reiter	Nachrichten	Herz Neun
Karte 2	Der Klee	Hoffnung	Karo Sechs
Karte 3	Das Schiff	Reisen	Pik Zehn
Karte 4	Das Haus	heimischer Herd	Herz König
Karte 5	Der Baum	Gesundheit	Herz Sieben
Karte 6	Die Wolken	Hindernisse, Schwierigkeiten	Kreuz König
Karte 7	Die Schlange	Verrat	Kreuz Dame
Karte 8	Der Sarg	Ende	Karo Neun
Karte 9	Der Blumenstrauß	Zufriedenheit	Pik Dame
Karte 10	Die Sense	Bruch	Karo Bube
Karte 11	Die Rute	Streit, Kampf	Kreuz Bube
Karte 12	Die Vögel	Gedanken	Karo Sieben
Karte 13	Das Kind	Vertrauen	Pik Bube
Karte 14	Der Fuchs	Betrug	Kreuz Neun
Karte 15	Der Bär	Kraft	Kreuz Zehn
Karte 16	Der Stern	Gelingen	Herz Sechs
Karte 17	Der Storch	Veränderung	Herz Dame
Karte 18	Der Hund	Freundschaft	Herz Zehn
Karte 19	Der Turm	Lebensweg	Pik Sechs
Karte 20	Der Garten	Kreativität	Pik Acht
Karte 21	Der Berg	Feindschaft, Widerstand	Kreuz Acht
Karte 22	Der Weg	Wahl	Karo Dame
Karte 23	Die Mäuse	Diebstahl	Kreuz Sieben
Karte 24	Das Herz	Liebe	Herz Bube
Karte 25	Der Ring	Ehe	Kreuz As
Karte 26	Das Buch	Geheimnis	Karo Zehn
Karte 27	Der Brief	Neuigkeiten	Pik Sieben
Karte 28	Der Herr	Fragesteller	Herz As
Karte 29	Die Dame	Fragestellerin	Pik As

Karte 30	Die Lilien	Unterstützung	Pik König
Karte 31	Die Sonne	Optimismus	Karo As
Karte 32	Der Mond	Ehre	Herz Acht
Karte 33	Der Schlüssel	Neubeginn	Karo Acht
Karte 34	Die Fische	Überfluß	Karo König
Karte 35	Der Anker	Stabilität	Pik Neun
Karte 36	Das Kreuz	Leid	Kreuz Sechs

5. Traditionelle Bedeutung und modernes Orakel der 36 Karten von Mlle. Lenormand

1
Der Reiter
Nachrichten
Herz Neun

Traditionelle Bedeutung:
Nachrichten aus dem Ausland oder aus entlegenen Gebieten sind zu erwarten, möglicherweise von einem Fremden. Diese Karte hat eine positive Bedeutung: günstige Aussichten.

Ist der Reiter von Karten mit negativer Bedeutung umgeben, so wird man in eine unangenehme Situation geraten.

Modernes Orakel:
Nachrichten sind unterwegs. Jemand will Sie telefonisch oder brieflich erreichen oder ist schon mit dem Zug oder Auto auf dem Weg zu Ihnen. Die Nachrichten, um die es hier geht, haben einen langen Weg zurückgelegt.

Bei einem Mann stehen diese Nachrichten mit neubegonnenen Geschäften oder Unternehmungen in Zusammenhang.

Einer Frau wird eine Nachricht über Privatangelegenheiten übermittelt werden.

Liegt der Reiter weit von der Personenkarte entfernt, so kommt die Nachricht aus dem Ausland.

Liegt er in der Nähe der Personenkarte, so wird die Mitteilung in der näheren Umgebung oder in der Wohnung eintreffen, beispielsweise durch ein Telegramm oder eine Eilsendung, die ein Postbote bringt.

Achten Sie darauf, in welche Richtung der Reiter schaut: Ist sein Blick auf die Zukunft gerichtet, so werden Sie in der Zukunft eine wichtige Nachricht erhalten. Schaut er in die Vergangenheit, so ist die Nachricht entweder schon lange unterwegs oder sie bezieht sich auf Ihre Vergangenheit. Liegt der Reiter über oder unter Ihrer Personenkarte, so kündigt er Nachrichten in der Gegenwart an.

Die benachbarten Karten sind ausschlaggebend dafür, ob die Nachrichten positiv oder negativ sein werden.

2
Der Klee
Hoffnung
Karo Sechs

Traditionelle Bedeutung:
Der Klee bringt Glück und Vermögen. Wenn er neben der Personenkarte liegt, werden die derzeitigen Sorgen und Fehlschläge bald vergessen sein.

Liegen in der Nähe die Karte Nr. 6 (Wolken), eine oder mehrere andere Karten mit ungünstiger Bedeutung, so ist mit großen Unannehmlichkeiten zu rechnen; man wird in eine unglückliche Lage geraten.

Liegt der Klee weit von der Personenkarte entfernt, so ist mit Infragestellung und Unglück zu rechnen.

Modernes Orakel:
Der Klee bringt Hoffnung auf Glück.

Liegt er in der Nähe der Personenkarte, so werden stiller Kummer und Mutlosigkeit verschwinden, und Trost und Glück an deren Stelle treten. Liegt er weit von der Personenkarte entfernt, so muß damit gerechnet werden, daß bestimmte Kräfte dem vorausgesagten Glück entgegenwirken und daß es zu Verzögerungen kommen wird. Wenn Sie feststellen wollen, aus welcher Richtung das Glück kommen wird, so schauen Sie sich die benachbarten Karten an.

Liegt der Klee in der Nähe der Wolken (Nr. 6) oder einer anderen ungünstigen Karte, dann müssen Sie mit einer großen Enttäuschung und mit großem Kummer rechnen.

Liegt er weit von den Wolken entfernt, so ist großes Glück zu erwarten.

Liegt der Klee in der Zukunft, der Vergangenheit oder in der Gegenwart? Auch die Richtung, in die er weist, ist wichtig! Liegt er beispielsweise in der Vergangenheit, so müssen Sie nachschauen, wo die Wolken liegen und ob eine benachbarte Karte den Klee ungünstig beeinflußt. Liegen die Wolken in der Nähe des Klees in der Vergangenheit, dann haben Sie große Enttäuschungen und viel Kummer erlebt.

**3
Das Schiff**
Reisen
Pik Zehn

Traditionelle Bedeutung:
Das Schiff kündigt an, daß sich eine gute Gelegenheit bieten wird. Das Glück kann auf neuen Wegen gefunden werden, und Geschäfte und Unternehmungen werden sich erfolgreich entwickeln.

Wenn das Schiff in der Nähe der Personenkarte liegt, weist es auf eine bevorstehende Reise mit denkwürdigen Ereignissen hin.

Modernes Orakel:
Das Schiff kündigt eine bevorstehende weite Reise an, vor allem, wenn diese Karte in der Nähe der Personenkarte liegt.

An dieser Reise brauchen Sie allerdings nicht unbedingt persönlich beteiligt zu sein: Es könnten auch Waren aus dem Ausland zu Ihnen unterwegs sein, vor allem, wenn Sie beruflich im Bereich des Handels tätig sind.

Handelsbeziehungen mit dem Ausland werden Ihnen finanzielle Vorteile bringen!

Auch ein stetig wachsendes Bankguthaben durch gute Geld-anlage oder infolge einer Erbschaft ist zu erwarten. Das Schiff ist von alters her das Symbol der Bewegung über Wasser: Waren, die über das Meer befördert werden, aber auch Erb-schaften können damit in Zusammenhang stehen, da das Schiff räumliche und zeitliche Entfernung symbolisiert. Wenn der Sarg (Nr. 8) neben dem Schiff liegt, weist dies auf eine Erb-schaft oder auf einen Unfall auf Reisen hin, der zum Tode führen kann. Natürlich sollte man sich vor derart schwerwie-genden Aussagen die benachbarten Karten zunächst gründlich anschauen! Nachbarkarten mit günstiger Bedeutung beeinflus-sen die Situation positiv. Anhand der Karten, die das Schiff umgeben, können Sie auch etwas über den Verlauf der Reise sowie über deren Folgen für den weiteren Verlauf des Lebens aussagen.

Vor allem für Geschäftsleute, die Kontakt mit dem Ausland haben, ist diese Karte wichtig.

**4
Das Haus**
Der heimische Herd
Herz König

Traditionelle Bedeutung:
Das Haus kündigt fruchtbare Unternehmungen an, die zu einem erfolgreichen Abschluß gelangen werden. Auch wenn die derzeitigen Lebensumstände des Fragestellers oder der Fragestellerin ungünstig erscheinen mögen, werden sich in naher Zukunft vielversprechende Möglichkeiten ergeben.

Liegt diese Karte in der Mitte des Deutungsschemas und unter der Personenkarte, so muß man Vorsicht in bezug auf seine Umgebung und Nachbarn walten lassen.

Modernes Orakel:
Diese Karte symbolisiert das eigene Heim: das alltägliche Auf und Ab, die häuslichen Unternehmungen und die Menschen, mit denen man zusammenlebt.

Diese Karte repräsentiert Zufriedenheit, Sicherheit und Schutz, das „eigene Nest".

Achten Sie darauf, welche Karten das Haus umgeben und welche Einflüsse darauf einwirken.

Traditionell zeigt das Haus Glück und Erfolg bezüglich der Dinge an, die man mit eigenen Händen und mit eigener Kraft geschaffen hat.

Liegt die Karte zentral, dann ist Vorsicht geboten: Nehmen Sie sich in acht vor Menschen Ihrer Umgebung, zum Beispiel den Nachbarn.

Liegt das Haus in der Vergangenheit, so haben Ihre Eltern oder Ihr Elternhaus großen Einfluß auf Ihr Leben gehabt.

Liegt die Karte in der Zukunft, dann werden Sie ein Haus erwerben, das in Ihrem Leben eine große Rolle spielen wird.

Im allgemeinen hat das Haus einen günstigen Einfluß auf die umliegenden Karten. Sie können mit Chancen rechnen, die Sie dann auch ergreifen sollten!

5
Der Baum
Gesundheit
Herz Sieben

Traditionelle Bedeutung:
Der Baum symbolisiert gute Gesundheit.

Wenn diese Karte in der Nähe der Personenkarte liegt, sollte man auf die Gesundheit achten.

Liegt der Baum weit von der Personenkarte entfernt, so prophezeit er gute Gesundheit und allgemein günstige Aussichten.

Modernes Orakel:
Der Baum symbolisiert Ihre Lebenskraft: Energie, Gesundheit und Lebenslust.

Die Karte repräsentiert außerdem Energie und Reife, Vitalität und Lebenskraft, Eigenschaften, mit denen Sie viele Menschen anziehen werden.

Über oder unter der Personenkarte liegend weist der Baum darauf hin, daß Sie auf Ihre Gesundheit achten müssen.

Ruhen Sie sich hin und wieder aus und vermeiden Sie erschöpfende Tätigkeiten, die Ihre Gesundheit schädigen.

Liegt der Sarg (Nr. 8) neben dem Baum, dann müssen Sie

bei der Interpretation sehr vorsichtig sein: Eine Krankheit kann eine Menge Unannehmlichkeiten mit sich bringen. Suchen Sie sofort einen Arzt auf und lassen Sie sich untersuchen. Betrachten Sie dies als eine Zeit der körperlichen Reinigung und gönnen Sie sich mehr Ruhe!

Liegt die Karte unter der Personenkarte, so sagt sie voraus, daß Sie zwar auf Ihre Gesundheit achten müssen, daß ernste Konsequenzen für Ihr weiteres Leben jedoch nicht zu befürchten sind.

Liegt der Baum weit von der Personenkarte entfernt, dann haben Sie nichts zu befürchten: Sie sind bärenstark!

Dennoch müssen Sie diese Karte bei der Deutung im Auge behalten und sehr vorsichtig bei der Interpretation sein: Schauen Sie sich die benachbarten Karten genau an!

6
Die Wolken
Hindernisse, Schwierigkeiten
Kreuz König

Traditionelle Bedeutung:
Die Wolken kündigen Unannehmlichkeiten an.

Wenn die dunkle Seite dieser Karte der Personenkarte zugewandt ist, sind die Aussichten düster. Eine unangenehme Situation ist nicht zu vermeiden.

Liegt die helle Seite der Wolken neben der Personenkarte, so besteht die Möglichkeit, daß sich doch noch alles zum Guten wenden wird.

Modernes Orakel:
Die Wolken symbolisieren Hindernisse, die sich Ihnen im Laufe Ihres Lebens in den Weg stellen.

Bei dieser Karte muß man besonders darauf achten, wo die helle und die dunkle Seite liegt. Grenzt die dunkle Seite an die Personenkarte, so wird der/die Fragesteller/in in nächster Zeit ein Hindernis überwinden müssen, was mit großen Schwierigkeiten und viel Kummer einhergehen wird.

Liegt die Personenkarte neben der hellen Seite der Wolken,

so ist nichts zu befürchten. Die Wolken kündigen in diesem Fall sogar Glück an.

Dennoch sollte man sich immer genau anschauen, welche Karten die Wolken umgeben, denn diese geben näheren Aufschluß über unerwartete Schwierigkeiten, die sich uns plötzlich in den Weg stellen werden.

Meist üben die Wolken einen negativen Einfluß auf die umliegenden Karten aus, und wir müssen darauf achten, in welche Richtung sie weisen.

Liegen die Wolken weit von der Personenkarte oder von anderen das persönliche Glück betreffende Karten entfernt, dann brauchen wir keine Angst vor zukünftigen Schwierigkeiten zu haben, die unser Glück bedrohen könnten.

Liegen die Wolken in der Gegenwart oder Zukunft, dann müssen wir vorsichtig sein und nachschauen, welche Karten unmittelbar unter ihrem Einfluß stehen.

7
Die Schlange
Verrat
Kreuz Dame

Traditionelle Bedeutung:
Die Schlange bringt Unglück.

Ein verräterischer und heuchlerischer Mensch versucht insgeheim, Ihnen Schaden zuzufügen.

Diese Karte symbolisiert Verrat, Eifersucht und Betrug.

Modernes Orakel:
Die Schlange prophezeit Verrat und Neid von seiten sogenannter Freunde.

Liegt diese Karte in der Nähe der Personenkarte, dann muß der/die Ratsuchende auf der Hut sein und versuchen, anhand der umliegenden Karten herauszufinden, aus welcher Richtung die Gefahr droht.

Die Schlange symbolisiert einen eifersüchtigen und heuchlerischen Charakter, der mit schönen Worten Eindruck zu machen und den/die Fragesteller/in zum Narren zu halten versucht.

Hüten Sie sich vor verborgenen Feinden und prahlen Sie nicht mit Ihrem eigenen Glück, denn das erzeugt Neid.

Selbst wenn die Schlange weit von der Personenkarte entfernt liegt, muß man vorsichtig sein und darf sie keinesfalls ignorieren!

Je näher diese Karte bei der Personenkarte liegt, um so bedrohlicher ist der prophezeite Betrug.

Seien Sie deshalb vorsichtig mit dem, was Sie zu bestimmten Menschen sagen, und vertrauen Sie nicht jedem!

8
Der Sarg
Das Ende
Karo Neun

Traditionelle Bedeutung:
Der Sarg warnt vor einer schweren Krankheit, dem Verlust einer großen Geldsumme und vor großen Problemen.

Eine Zeit der Depression und Mutlosigkeit steht bevor.

Je näher der Sarg bei der Personenkarte liegt, um so bedrohlicher und düsterer wird die Lage sein. Selbst wenn die Karte nicht ganz so nahe bei der Personenkarte liegt, muß man sich genau anschauen, welche Karten den Sarg umgeben, denn diese geben Aufschluß darüber, *was* zu Ende gehen wird.

Modernes Orakel:
Der Sarg stellt eine unheilvolle und Kummer bringende Situation dar. Diese Karte symbolisiert das Ende oder den Untergang all dessen, was wir aufgebaut haben: unseres Körpers, unserer Beziehung zu einem Partner, unserer beruflichen Stellung, die wir so sehr angestrebt hatten ... Wir müssen nun erleben, daß unsere Erwartungen und Bestrebungen nicht in Erfüllung gehen.

Der Sarg kündigt Probleme an, durch die „etwas" oder „jemand" in Ihnen abstirbt.

Das kann sich auf Ihre Gesundheit beziehen – wobei eine ernste Krankheit Ihre gesamte physische Existenz bedroht, so daß Sie mehr tot als lebendig sind -, auf eine Liebesbeziehung, die abgebrochen wird oder auf eine Ehe, die mit einer Scheidung endet, auf völligen finanziellen Ruin, auf den Verlust einer Anstellung, auf völlige psychische Verwirrung, Erschöpfung und Mutlosigkeit, weil Sie Schwierigkeiten, in denen Sie sich befinden, nicht mehr bewältigen können.

Auch ein Todesfall kann die Ursache für eine sehr deprimierende Situation sein.

Liegt der Sarg neben der Personenkarte, gleich, ob über, unter, links oder rechts von ihr, dann müssen wir diese Karte sorgfältig auf ihre Botschaft hin untersuchen: Eine bedenkliche Situation verursacht große Probleme in Ihrem Leben. Deshalb müssen wir auch nachschauen, welche Karten in der Nähe liegen, um aus der Beziehung zwischen dem Sarg und den umliegenden Karten zu erfahren, aus welcher Richtung das Unglück droht.

Liegt die Karte weit von der Personenkarte entfernt, dann müssen wir dennoch vorsichtig sein und nachschauen, welche Karten sie umgeben. Sagen Sie niemals leichtfertig jemandem den Tod voraus: Darüber entscheidet letztendlich nur Gott.

9
Der Blumenstrauß

Zufriedenheit
Pik Dame

Traditionelle Bedeutung:
Der Blumenstrauß symbolisiert von alters her Glück und Geschenke. Das alltägliche Leben wird nach Wunsch verlaufen. Sie werden zufrieden und glücklich sein.

Vor allem Frauen übermittelt diese Karte eine glückbringende Botschaft im Hinblick auf Freundschaft und Liebe.

Modernes Orakel:
Der Blumenstrauß prophezeit Glück und Zufriedenheit: Sie werden mit Liebe, Freundschaft und Treue überhäuft werden.

Im Alltag wird man Ihnen viel Zuneigung entgegenbringen, und das Glück wird auf Ihrer Seite sein.

Auch kündigt diese Karte an, daß Sie ein Geschenk empfangen werden, über das Sie sich sehr freuen.

Liegt diese Karte in der Nähe der Personenkarte, so stehen Ihnen glückliche Zeiten bevor: Man wird Sie großzügig beschenken. Doch müssen wir nach der geistigen Botschaft der Karte suchen: Es muß sich nicht unbedingt immer um materielle Geschenke handeln - Liebe und Freundschaft sind die schönsten Geschenke auf Erden! Seien Sie sich Ihres Glückes bewußt und seien Sie dankbar!

10
Die Sense
Ein Bruch
Karo Bube

Traditionelle Bedeutung:
Die Sense kündigt große Gefahr für den Fragesteller an. Aus welcher Richtung die Gefahr droht, können Sie den umliegenden Karten entnehmen. Die Sense legt Ihnen dringend nahe, bestimmte Dinge im Auge zu behalten. Seien Sie wachsam!

Modernes Orakel:
Die Sense kündigt Gefahr an: Plötzlich werden Sie Ihren Lebenspartner oder Ihre berufliche Stellung verlieren oder Ihre vertraute Umgebung verlassen müssen. Nehmen Sie sich vor Unfällen in acht, vor Verkehrsunfällen, Sportverletzungen und ganz einfach vor Unfällen aus Leichtsinn.

Vor allem ist diese Karte jedoch ein Signal für drohende Gefahr. Vorsicht ist das Gebot der Stunde.

Schauen Sie sich die Karten an, die die Sense umgeben; diese werden Ihnen zeigen, aus welcher Richtung die Gefahr droht!

11
Die Rute
Streit, Kampf
Kreuz Bube

Traditionelle Bedeutung:
Die Rute symbolisiert eine Heimsuchung. Diese Karte prophezeit einen schweren Konflikt und Disharmonie in der Familie. Zank und Streit mit Freunden, Partnern und Familienmitgliedern stehen bevor. In der Nähe der Personenkarte liegend ist die Rute ein Vorzeichen für eine unglückliche Liebschaft oder für eine zum Scheitern verurteilte Ehe.

Die Karte warnt außerdem vor einer langen, schleichenden Krankheit und vor Fieberanfällen.

Modernes Orakel:
Die Rute prophezeit Streit und Zwietracht zu Hause.

Ein Konflikt erschüttert den häuslichen Frieden und die gute Atmosphäre im Freundeskreis.

Schwierigkeiten in der Ehe, mit den Eltern oder mit den Kindern, mit Freunden und in Liebesbeziehungen werden ihren Tribut fordern und Sie als gebrochenen Menschen zurücklassen.

Auch weist die Rute auf innere Konflikte hin, die sich in chronischen Krankheiten, Fieberanfällen und nervlicher Anspannung äußern.

Den umliegenden Karten können Sie entnehmen, in welchem Bereich es zur Auseinandersetzung kommen wird!

12
Die Vögel
Gedanken
Karo Sieben

Traditionelle Bedeutung:
Die Vögel kündigen Schwierigkeiten und Kummer von kurzer Dauer an.

Die Konfrontation mit einem Problem, das gelöst werden muß, steht bevor.

Liegen die Vögel weit von der Personenkarte entfernt, so wird eine unerwartete, kurze Reise prophezeit.

Modernes Orakel:
Die Vögel kündigen an, daß bestimmte Probleme Sie sehr in Anspruch nehmen werden, bevor Sie zu einer Lösung kommen.

Doch zeigen die Vögel nicht nur Schwierigkeiten an, sie geben auch Aufschluß über das, was Sie denken, über die Ideen, die Sie haben, über Ideale, Inspiration und Gewissen. Unerwartete Glücksfälle werden Sie erfreuen, kleine Ausflüge und Reisen stehen auf dem Programm.

Wenn die Vögel weit von der Personenkarte entfernt liegen, ist eine Reise zu erwarten.

Schauen Sie sich die umliegenden Karten an; sie geben genauere Auskunft darüber, welche spezielle Botschaft die Vögel Ihnen übermitteln wollen.

**13
Das Kind**
Vertrauen
Pik Bube

Traditionelle Bedeutung:
Der oder die Ratsuchende wird wegen seines/ihres freundlichen Wesens von Freunden und von den Menschen seiner Umgebung geschätzt und respektiert.

Modernes Orakel:
Das Kind symbolisiert, daß Sie bei Freunden und Bekannten geschätzt und beliebt sind. Sie werden deshalb im Leben nur selten allein sein.

Ihr freundliches Wesen weckt Vertrauen.

So wie ein Kind unschuldig in die Welt schaut, begegnen auch Sie der Welt vertrauensvoll.

Bei einer Frau bezieht sich diese Karte außerdem auf einen Wunsch: auf das Kind, an das sie denkt ... Schauen Sie sich deshalb die umliegenden Karten an: Wenn der Storch (Nr. 17) in der Nähe des Kindes liegt, ist die Fragestellerin möglicherweise guter Hoffnung!

14
Der Fuchs
Betrug
Kreuz Neun

Traditionelle Bedeutung:
Der Fuchs weist auf eine Falle hin, der man möglichst aus dem Weg gehen sollte.

Liegt diese Karte in der Nähe der Personenkarte, dann versucht irgend jemand den Fragesteller zu bedrohen.

Modernes Orakel:
Von alters her ist der Fuchs wegen seiner Schläue bekannt und berüchtigt.

Die Karte will Sie deshalb warnen: Sie sollten nicht alles, was man Ihnen sagt, für bare Münze nehmen.

Jemand möchte Ihnen eine Falle stellen.

Seien Sie also nicht zu vertrauensselig und beobachten Sie wachsam Ihre Umgebung.

Der Fuchs symbolisiert vor allem Betrug und Diebstahl: Durch Betrug versucht irgend jemand, sich Ihres Eigentums zu bemächtigen.

Die Karten, die den Fuchs umgeben, werden Ihnen verraten,

wer Sie zu betrügen versucht, und welche Art von Falle dieser Mensch Ihnen stellen will!

**15
Der Bär**
Kraft
Kreuz Zehn

Traditionelle Bedeutung:
Der Bär warnt vor Menschen, die Sie betrügen wollen – ihre Motive sind Neid und Eifersucht.

Hüten Sie sich davor, Menschen, die Ihr Vertrauen nicht verdienen, zuviel aus Ihrem Privatleben zu erzählen.

Modernes Orakel:
Ein Bär ist, wie wir wissen, bärenstark: Mit einem Tatzenhieb streckt er uns nieder. Er wirkt jedoch völlig anders, als sein Auftreten vermuten läßt: So hat wohl jedes Kind einen Teddybären.

Der Bär wirkt gemütlich und nachgiebig und suggeriert uns Schutz. Deshalb symbolisiert diese Karte unter anderem auch eine Mutterfigur, die Ihnen helfen und Sie beschützen will.

Aber hüten Sie sich, den Bären zu verärgern! Seine Kraft kann nicht nur positiv, sondern auch negativ wirken.

Der Bär kündigt Glück an, warnt uns jedoch gleichzeitig vor eifersüchtigen und neidischen Menschen, die sich dieses Glücks bemächtigen wollen!

Erzählen Sie niemandem zuviel, der Ihres Vertrauens nicht würdig ist und aus Neid oder Eifersucht versuchen könnte, Sie im privaten oder geschäftlichen Bereich zu betrügen.

16
Der Stern
Gelingen
Herz Sechs

Traditionelle Bedeutung:
Die Sterne weisen darauf hin, daß bestimmte Vorhaben „unter einem guten Stern stehen".

Sind die Sterne jedoch von Karten mit einer ungünstigen Botschaft umgeben, so warnen sie vor unvorhergesehenen Mißerfolgen und unglücklichen Umständen, mit denen Sie nicht gerechnet haben.

Liegen die Wolken (Nr. 6) in der Nähe der Personenkarte, so muß der/die Fragesteller/in mit einer langen Pechsträhne rechnen.

Modernes Orakel:
Sterne verkünden uns Erfolg in unseren Vorhaben. Die Aussichten sind geradezu rosig.

Die Karte symbolisiert auch das Streben des Menschen nach dem „Gipfel".

Gewarnt wird davor, nach Erreichen des Gipfels in "Starallüren" zu verfallen.

Liegen die Sterne in der Umgebung der Wolken (Nr. 6), so werden unsere Vorhaben durch ein unglückliches Zusammentreffen von Umständen sowie durch eine ganze Kette von Fehlschlägen bedroht.

17
Der Storch
Veränderung
Herz Dame

Traditionelle Bedeutung:
Wenn der Storch in der Nähe der Personenkarte liegt, steht ein Umzug bevor.

Liegt er weiter von der Personenkarte entfernt, so wird der Umzug sich verzögern oder auf unbestimmte Zeit verschoben werden.

Modernes Orakel:
Der Storch kündigt Veränderungen an – entweder eine völlige Veränderung Ihrer Lebenssituation oder einen Umzug. Liegt der Storch neben der Karte Nr. 4 (Haus), dann steht ein Umzug bevor.

In der Nähe der Karte Nr. 13 (Kind) wird einer Frau eine Geburt angekündigt, da der Storch von alters her als Symbol der Fruchtbarkeit gilt.

Liegt der Storch überdies auch noch am Rande des Deutungsschemas, so können Sie sicher damit rechnen, daß sich Ihr Leben völlig verändern wird.

Die Karte kann auch eine Flugreise prophezeien, vor allem, wenn sie neben der Karte Nr. 3 (Schiff) liegt, die Reisen symbolisiert.

18
Der Hund
Freundschaft
Herz Zehn

Traditionelle Bedeutung:
In der Nähe der Personenkarte liegend symbolisiert der Hund, daß Sie auf wahre Freundschaft zählen können.

Liegt der Hund weit von der Personenkarte entfernt, dann sollten Sie nicht zu sehr auf die Menschen vertrauen, die Sie für Freunde halten.

Liegt die Karte Nr. 6 (Wolken) in der Nähe, dann wird der/die Ratsuchende von seinen Freunden verraten oder betrogen werden.

Modernes Orakel:
Der Hund ist wachsam und treu. Er schenkt Schutz und Treue.

Diese Karte macht Sie auf die Treue eines Freundes aufmerksam, der Ihnen helfen und versuchen wird, Sie vor unangenehmen Menschen und Dingen zu schützen.

Liegt der Hund weit von der Personenkarte entfernt und enthalten die umliegenden Karten negative Botschaften, dann seien Sie vorsichtig damit, wem Sie Vertrauen schenken: Verdienen diese Menschen Ihr Vertrauen tatsächlich?

Vorsicht vor sogenannten Freunden, die Sie durch schöne Worte zu betrügen versuchen.

19
Der Turm
Der Lebensweg
Pik Sechs

Traditionelle Bedeutung:
Der Turm sagt einen glücklichen Lebensabend oder ein hohes Alter voraus.

Wenn in der Nähe des Turms Karten mit ungünstigem Einfluß - beispielsweise Nr. 6 (Wolken) – liegen, muß man mit Krankheit, Invalidität oder Tod rechnen, je nach der Bedeutung der betreffenden Karten.

Modernes Orakel:
Der Turm gibt nähere Auskunft über den Verlauf Ihres Lebens und über das Alter, das Sie erreichen werden, vor allem aber darüber, *wie* Sie es erreichen werden.

Den umliegenden Karten können Sie näheren Aufschluß über die Lebensumstände und über die Schwierigkeiten entnehmen, die auftauchen werden.

Wenn die Karte Nr. 8 (Sarg) neben dem Turm liegt, droht Krankheit oder Invalidität.

Auch kann der Turm das Symbol für eine Persönlichkeit

sein, die durch harte Arbeit eine Karriere aufgebaut hat und auf diese Weise berühmt und mächtig geworden ist.

Liegen die Wolken (Nr. 6) neben dem Turm, so ist eine plötzliche Erkrankung zu befürchten, die katastrophale Folgen haben könnte.

Der Turm prophezeit ein hohes Alter und einen glücklichen Lebensabend – falls keine Karten mit ungünstigem Einfluß und auch nicht die Karte Nr. 6 (Wolken) in der Nähe liegen.

**20
Der Garten**
Kreativität
Pik Acht

Traditionelle Bedeutung:
Der Garten kündigt an, daß Sie auf ein Fest oder zu einem Treffen eingeladen werden, wo Sie neue Kontakte anknüpfen können.

Liegt der Turm in der Nähe der Personenkarte, so ist dies ein Hinweis auf eine verläßliche Freundschaft, die lange Bestand haben wird.

Liegt der Garten weit von der Personenkarte entfernt, dann wird vor falschen Freunden gewarnt!

Modernes Orakel:
Der Garten berichtet von einer wunderschönen Umgebung oder einem künstlerischen Ambiente, in dem Sie sich völlig zu Hause fühlen werden.

Ihre Lebensumstände werden sich durch die Begegnung mit einem Menschen verändern, der Ihnen innige Freundschaft entgegenbringen wird.

Auch symbolisiert der Garten einen Ort, an dem Zusammenkünfte und Feste stattfinden können.

Die geistige Bedeutung des Gartens jedoch reicht weiter: Er verkörpert Kreativität, die sich in Ihnen entfalten wird, so daß Sie sich zu einem bekannten Künstler oder zu einem Lebenskünstler entwickeln werden.

Außerdem symbolisiert der Garten eine angenehme Umgebung, in der man sich in Ruhe und Frieden erholen kann.

Liegt der Garten weit von der Personenkarte entfernt, dann dürfen wir sogenannten Freunden nicht zu leichtfertig vertrauen.

21
Der Berg
Feindschaft, Widerstand
Kreuz Acht

Traditionelle Bedeutung:
Wenn der Berg in der Nähe der Personenkarte liegt, kündigt er einen gefürchteten Feind an, der Sie verletzen wird, wo immer er kann.

Liegt der Berg weit von der Personenkarte entfernt, so kann der Fragesteller auf treue und starke Freunde zählen, die ihm in der Not helfen werden.

Modernes Orakel:
Der Berg warnt vor einem Feind, der vor nichts zurückschreckt. Wir müssen mit Widerstand rechnen. Diese Situation läßt sich nicht vermeiden, und wir müssen versuchen, Geduld und Ausdauer nicht zu verlieren.

Der Berg hat auch noch eine andere Bedeutung: Er symbolisiert ein riesiges Problem, vor dem wir stehen und das wir nicht sofort lösen können.

Nur durch Selbstbeherrschung, Durchsetzungsvermögen und Tapferkeit werden wir die Schwierigkeiten überwinden.

Liegt diese Karte über der Personenkarte, so prophezeit sie, daß dem Ratsuchenden starker Widerstand entgegengesetzt wird.

Liegt die Karte weit von der Personenkarte entfernt, so werden Ihnen in der Not treue Freunde helfen.

22
Der Weg
Die Wahl
Karo Dame

Traditionelle Bedeutung:
Wenn der Weg von Karten mit ungünstigem Einfluß umgeben ist, wie zum Beispiel den Wolken, so wird der/die Fragesteller/in Fehlschläge verkraften müssen.

Liegt der Weg weit von der Personenkarte entfernt und nicht neben ungünstigen Karten, dann müssen neue Wege gesucht werden, um Mißerfolge zu vermeiden.

Modernes Orakel:
Der Weg kündigt eine wichtige Entscheidung an: Welchen Weg werden Sie einschlagen?

Eine Wahl steht bevor, eine Entscheidung, die wichtig für die Zukunft ist. Doch bevor man eine Entscheidung trifft, muß man die verschiedenen Möglichkeiten gut abwägen.

Die umliegenden Karten geben nähere Informationen über den Weg: Sie zeigen eigene Möglichkeiten und Chancen an und warnen gleichzeitig vor irreführenden Seitenwegen – es sei denn, Karten mit negativem Einfluß, wie die Wolken (Nr. 6), liegen daneben; in letzterem Fall muß mit vielen Schwierigkeiten gerechnet werden.

Liegt der Weg in der Nähe der Personenkarte, so steht eine schwere Entscheidung bevor. Liegt diese Karte weit von der Personenkarte entfernt, und ist sie nicht von Karten mit negativer Grundbedeutung umgeben, so ist ein Ausweg aus einer schwierigen Lage in Sicht.

**23
Die Mäuse**
Diebstahl
Kreuz Sieben

Traditionelle Bedeutung:
Die Mäuse prophezeien Diebstahl und Verlust.

Liegt diese Karte in der Nähe der Personenkarte, so besteht Aussicht, das Gestohlene zurückzubekommen.

Liegen die Mäuse hingegen weit von der Personenkarte entfernt, so sollte man nicht damit rechnen, das Verlorene oder Gestohlene jemals wiederzubekommen.

Modernes Orakel:
Die Mäuse berichten von Diebstahl und Verlust: Entweder wird man Sie materiell bestehlen, und kleinere Gegenstände aus Ihrer Umgebung werden verschwinden, ohne daß Ihnen dies auffällt, oder „kleine Gauner" bringen Sie langsam aber sicher um Ihr gesamtes Hab und Gut. Geben Sie auf den Inhalt Ihres Portemonnaies acht: Rechnen Sie stets alles sorgfältig nach!

Die Mäuse können jedoch auch auf heimliche Liebe hinweisen: Sie wissen nicht, wie Sie Ihre Gefühle ausdrücken sollen.

Mäuse sind kleine Nagetiere. Wenn Sie unter den gewählten

Karten auftauchen, so kann dies auch bedeuten, daß „etwas"
an Ihnen nagt: eine chronische Krankheit zum Beispiel.

Liegt die Karte Nr. 23 in der Nähe der Personenkarte, dann
besteht die Chance, daß etwas, das uns genommen wurde,
wieder zu uns zurückkehren wird, oder daß wir ein nagendes
Problem lösen können, wenn wir nur aufmerksam genug sind.
Liegen die Mäuse hingegen weit von der Personenkarte entfernt und in der Nähe einer Karte, die für uns von großer Bedeutung ist, dann müssen wir umgehend drastische Maßnah-
men ergreifen, um uns vor Verlust zu schützen.

24
Das Herz
Liebe
Herz Bube

Traditionelle Bedeutung:
Das Herz kündigt Glück und Freude in Herzensangelegenheiten an. Diese Karte prophezeit ein glückliches Liebesleben, eine wundervolle Romanze und Zufriedenheit.

Modernes Orakel:
Wer möchte das Herz nicht unter seinen Karten finden?

Großes Glück in der Liebe wird Ihnen prophezeit.

Durch eine Romanze mit einer sehr attraktiven Person werden Sie sich selbst drastisch verändern, und auch Ihr Leben wird grundlegend verändert werden. Ihr Liebespartner wird sein Herz weit für Sie öffnen und Sie mit seiner/ihrer Liebe überhäufen.

Weisen Sie diese Liebe nicht zurück, es könnte sonst sein, daß Sie das Glück der Liebe nie mehr erfahren.

Glück, gute Laune und Lebensfreude werden Sie vollkommen transformieren, so daß Sie eine herzliche und strahlende Persönlichkeit werden, die alle anderen Menschen durch ihre Liebe und Freundlichkeit anzieht!

Liegt diese Karte in der Nähe der Personenkarte, so prophezeit sie Ihnen eine wundervolle Romanze, die Ihr Leben mit großem Glück erfüllen wird.

Liegt die Karte Nr. 8 (Sarg), die Karte Nr. 10 (Sense) oder die Karte Nr. 36 (Kreuz) in der Nähe, dann müssen Sie in der Liebe vorsichtig sein – es könnte zu einem plötzlichen Bruch kommen.

Liegen die Karten Nr. 6 (Wolken) oder Nr. 21 (Berg) in der Nähe, so sind große Schwierigkeiten zu erwarten. Liegt das Herz neben der Karte Nr. 7 (Schlange), dann haben Sie es mit einem eifersüchtigen Liebhaber zu tun, oder man versucht, Sie aus Eifersucht oder Neid zu behindern.

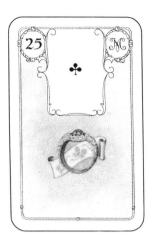

25
Der Ring
Die Ehe
Kreuz As

Traditionelle Bedeutung:
Wohlstand und Glück werden prophezeit, wenn der Ring rechts von der Personenkarte liegt.

Zur Linken der Personenkarte kündigt der Ring Schwierigkeiten und Unzufriedenheit in Liebesbeziehungen an, was zu einer Ehescheidung oder zum Ende einer Beziehung führen kann.

Modernes Orakel:
Der Ring kündigt eine Heirat, eine Liebesbeziehung oder eine Partnerschaft an.

Liegt diese Karte in der Nähe der Personenkarte, so wird die Ehe in Ihrem Leben eine wichtige Rolle spielen: Das Schicksal hat sie fest mit einem anderen Menschen verbunden. Liegt der Ring in der Vergangenheit und neben der Sense (Nr. 10) oder neben dem Kreuz (Nr. 36), so ist dies ein Hinweis auf eine zerbrochene Ehe oder auf die Trennung von einem geliebten Menschen.

Über, unter oder rechts von der Personenkarte liegend, kündigt diese Karte Zufriedenheit in der Ehe an. Die Ehe wird in Ihrem Leben eine wichtige Rolle spielen!

Der Ring berichtet auch von einer innigen Beziehung, die Sie mit jemandem eingehen werden und die weitreichende Folgen für Ihr weiteres Leben haben wird.

Nach der Überlieferung weist der Ring, wenn er links von der Personenkarte liegt, auf Schwierigkeiten in der Ehe hin, die zur Trennung von Ihrem Partner oder zur Scheidung führen können.

Liegt der Ring rechts neben der Personenkarte, so prophezeit er ein tugendhaftes und von Treue geprägtes Liebesleben mit dem Partner.

Letzteres braucht nicht in Widerspruch zur übrigen Interpretation zu stehen. Manchmal geht es bei der Deutung um zwei Ehen oder Beziehungen. Die Intuition des Kartendeuters ist in einem solchen Fall ganz besonders gefordert.

26
Das Buch
Ein Geheimnis
Karo Zehn

Traditionelle Bedeutung:
Das Buch symbolisiert ein Geheimnis, das Sie zu enträtseln versuchen müssen.

Sehen Sie sich die umliegenden Karten an, dann werden Sie erfahren, was man Ihnen verschweigt.

Je näher das Buch der Personenkarte liegt, um so wichtiger ist die Botschaft dieser Karte.

Modernes Orakel:
Das Buch weist darauf hin, daß man Ihnen ein Geheimnis verschweigt. Sie müssen versuchen, Verborgenes aufzuspüren und ans Licht zu bringen.

Dieses Geheimnis kann sich auch auf tief verborgene Gefühle und Gedanken eines verschlossenen Menschen beziehen, deshalb braucht es nicht unbedingt mit einer negativen Botschaft verbunden zu sein.

Das Buch zeigt auch an, daß über etwas nachgedacht werden muß: Über Dokumente, Eheverträge, über ein Testament oder ein Studium – Dinge, mit denen man diskret umgehen muß.

Um zu erfahren, was das Buch verbirgt, schauen wir uns die umliegenden Karten an: Sie geben Auskunft über den Inhalt des Geheimnisses.

27
Der Brief
Neuigkeiten
Pik Sieben

Traditionelle Bedeutung:
Der Brief bringt Neuigkeiten. Um was es dabei geht, hängt vom ungünstigen oder günstigen Einfluß der umliegenden Karten ab.

Vorsicht, wenn die Karte Nr. 6 (Wolken) in der Nähe dieser Karte liegt, denn dann müssen Sie mit schlechten Nachrichten rechnen!

Modernes Orakel:
Der Brief bringt Neuigkeiten – Geschäftsdokumente, einen Liebesbrief, eine Todesanzeige, alles, was durch die Post gebracht wird. Die umliegenden Karten geben nähere Auskunft darüber, was der Brief enthält.

Liegt die Karte Nr. 1 (Reiter) neben dem Brief, dann kommt die Nachricht aus weiter Ferne. Der Sarg (Nr. 8) neben dem Brief kann auf eine Todesanzeige hinweisen. Schauen Sie aber zur Vorsicht erst einmal nach, welche Karten den Sarg und den Brief umgeben: Es könnte auch um das Ende eines Vertrages gehen.

Die Karte Nr. 24 (Herz) neben dem Brief ist natürlich ein Hinweis darauf, daß die Nachricht von einem geliebten Menschen stammt.

Liegt die Karte Nr. 6 (Wolken) in der Nähe der Personenkarte und des Briefes, so müssen Sie mit einer ungünstigen Nachricht rechnen.

28
Der Herr
Der Fragesteller, der Partner, der Freund
Herz As

Traditionelle Bedeutung:
Diese Karte stellt eine männliche Person dar, die die Karten um Rat fragt. Wenn die Karten für eine Dame gedeutet werden, so kann der Herr den Partner, einen intimen Freund oder den Vater darstellen, je nachdem, welche Karten den Herrn umgeben.

Dies Karte ist eine der beiden Personenkarten, weshalb man sie besonders sorgfältig interpretieren muß.

Modernes Orakel:
Diese Karte stellt den Fragesteller selbst dar oder einen guten Freund, der ihn in geschäftlichen oder anderen wichtigen Angelegenheiten unterstützt.

Sucht eine Frau Rat, so symbolisiert die Karte Nr. 28 ihren Partner, einen intimen Freund, mit dem sie ihr Leben teilen möchte, oder ihren Vater.

Beim Lesen der Karten ist es sehr wichtig nachzuschauen, welche Karten neben dem Herrn liegen: Diese geben Aufschluß über seine tiefsten Gedanken und Gefühle und zeigen, welche Ereignisse oder Situationen er zu erwarten hat.

Von dieser Karte aus ziehen wir auch das Kreuz in die Vergangenheit, in die Gegenwart und in die Zukunft.

Lesen Sie im Kapitel 6.b) nach, wie Sie ein solches Kreuz interpretieren müssen.

29
Die Dame
Die Fragestellerin,
die Partnerin, die Freundin
Pik As

Traditionelle Bedeutung:
Diese Karte stellt die Frau dar, die die Karten befragt.

Sucht ein Mann Rat, so repräsentiert diese Karte seine Partnerin, eine intime Freundin oder seine Mutter, je nachdem, welche Karten die Dame umgeben.

Da die Dame eine der beiden Personenkarten ist, muß sie besonders sorgfältig interpretiert werden.

Modernes Orakel:
Die Karte Nr. 29 repräsentiert die Frau, für die die Karten gedeutet werden, oder eine gute Freundin, die eine wichtige Rolle in ihrem Leben spielt.

Sehen Sie sich die Karten an, die die Dame umgeben; sie geben Ihnen Aufschluß darüber, was sie denkt und was ihr das Leben zu bieten hat.

Von dieser Karte aus ziehen wir ein Kreuz, um zu erfahren, wie die Lebenssituation der Fragestellerin aussieht und was sie im Leben zu erwarten hat.

Wie Sie ein solches Kreuz erhalten und durch dieses Verfahren Vergangenheit, Gegenwart und Zukunft entschlüsseln können, können Sie im Kapitel über die Legemethoden nachlesen.

Liegt die Dame am Rande des Schemas, so wird ihr eine große Wende im Leben prophezeit.

Liegt die Karte in der gleichen Reihe wie die Karte Nr. 28 (der Herr), so wird ein Verhältnis oder eine Ehe angekündigt, die für das weitere Leben der Fragestellerin sehr wichtig sein wird.

30
Die Lilien
Unterstützung
Pik König

Traditionelle Bedeutung:
Die Lilien symbolisieren ein glückliches und tugendhaftes Leben.

Wenn diese Karte über der Personenkarte liegt, ist der/die Fragesteller/in ein gutgelaunter und zufriedener Mensch mit einer moralischen Lebensanschauung und einer positiven Grundeinstellung zum Leben.

Liegen die Lilien unter der Personenkarte, dann ist der/die Fragesteller/in unsicher in seinen/ihren Handlungen und muß mit vielen kummervollen und schwierigen Situationen zu Hause rechnen.

Modernes Orakel:
Die Lilien verraten die Lebenseinstellung der/des Ratsuchenden. Liegen sie über der Personenkarte, dann ist sie/er vertrauenswürdig und aufrichtig.

Liegt die Karte unter der Personenkarte, dann müssen wir auf eine unehrliche Lebenseinstellung, auf Unsicherheit und häuslichen Kummer gefaßt sein.

Einer Frau sagt diese Karte voraus, daß sie einem Mann begegnen wird, der sie liebt und sie beschützen möchte.

Liegen die Lilien neben der Personenkarte eines Mannes, so kann dieser auf die Unterstützung eines seriösen Freundes zählen.

Die Lilien kündigen stets berufliche Beförderung und aufrichtige Freundschaft an.

31
Die Sonne
Optimismus
Karo As

Traditionelle Bedeutung:
Liegt die Sonne in der Nähe der Personenkarte, so prophezeit sie, daß hohe Erwartungen in Erfüllung gehen werden und daß man glücklich werden wird.

Liegt die Sonne weit von der Personenkarte entfernt, so bricht eine entmutigende und enttäuschende Periode für Sie an.

Modernes Orakel:
Die Sonne strahlt Optimismus, aber auch intuitive Kraft aus und warnt davor, den Mut zu verlieren: Immer wird es ein Licht in der Dunkelheit geben.

Diese Karte verkündet Wohlstand und Glück.

Eine Vaterfigur wird Ihnen helfen und Sie bei allen Vorhaben unterstützen.

Ihre Erwartungen werden in Erfüllung gehen.

Sehen Sie sich die umliegenden Karten an, um zu erfahren, aus welcher Richtung Glück und Unterstützung zu erwarten sind.

Liegt die Sonne weit von der Personenkarte entfernt, so steht uns hinsichtlich unserer Erwartungen eine Enttäuschung bevor.

Lassen Sie trotzdem den Mut nie sinken, und lassen Sie die Sonne in Ihrem eigenen Herzen scheinen!

**32
Der Mond**
Ehre
Herz Acht

Traditionelle Bedeutung:
Wenn der Mond in der Nähe der Personenkarte liegt, wird dem/der Fragesteller/in große Ehre, Achtung und Anerkennung zukommen. Ist der Mond weit von der Personenkarte entfernt, so wird der/die Fragesteller/in unter Mangel an Anerkennung und Unzufriedenheit über die eigenen Lebensumstände leiden.

Modernes Orakel:
Der Mond prophezeit Ehre, Ruhm und Macht.

Diese Karte ist ein Hinweis auf eine inspirierte Persönlichkeit, die es durch originelle Ideen im Leben weit bringen wird.

Eine erfolgreiche Laufbahn ist die Folge, beruflicher Erfolg und eine positive Entwicklung in allen Unternehmungen.

Eine Mutterfigur in der unmittelbaren Umgebung wird dem/der Fragesteller/in beistehen und ihm/ihr helfen.

Ruhm und Auszeichnungen sind zu erwarten, wenn diese Karte neben der Personenkarte liegt.

Liegt sie weit von der Personenkarte entfernt, so wird Desillusionierung und Mangel an Anerkennung für die eigenen Bemühungen prophezeit, was eine Depression auslösen kann.

33
Der Schlüssel
Ein Neubeginn
Karo Acht

Traditionelle Bedeutung:
Der Schlüssel sichert Ihnen Erfolg bei neuen Unternehmungen, wenn diese Kartc in der Nähe der Personenkarte liegt.

Sie werden Ihr Ziel erreichen.

Liegt der Schlüssel weit von der Personenkarte entfernt, so müssen Sie mit schweren Mißerfolgen, Schwierigkeiten und dem Fehlschlagen von Plänen rechnen, was Sie völlig entmutigen wird.

Modernes Orakel:
Mit dem Schlüssel öffnen Sie sich die Türen zu einem Neubeginn, einem neuen Morgen.

Sie erschließen sich etwas, wonach Sie schon lange gesucht haben: den Kern eines Problems oder den Kern Ihres Selbst.

Der Schlüssel symbolisiert einen Neubeginn oder eine Lösung, die man nach langem Suchen endlich findet.

Die Karte zeigt an, daß Sie mit etwas Neuem beginnen werden, das Ihnen viel Erfolg bringen wird. Bestimmte Pläne oder Herzenswünsche nehmen Form an, weil Sie nun wissen, wie Sie sie in die Tat umsetzen können.

Männern kündigt der Schlüssel neue Unternehmungen und Pläne an, denen Erfolg beschieden sein wird.

Frauen prophezeit diese Karte, daß alle ihre Herzenswünsche in Erfüllung gehen werden.

Liegt der Schlüssel weit von der Personenkarte entfernt und ist er von Karten mit negativer Bedeutung umgeben, dann werden sich Ihnen Hindernisse in den Weg stellen. Hüten Sie sich aber davor, den Mut zu verlieren! Auch wird vor Neid und Mißgunst gewarnt.

**34
Die Fische**
Überfluß
Karo König

Traditionelle Bedeutung:
Sie werden Erfolg mit verschiedenen Unternehmungen haben, was Ihnen Überfluß und Wohlstand bringt, wenn Sie die sich bietenden Chancen ergreifen.

Liegen die Fische weit von der Personenkarte entfernt, dann werden Vorhaben schwer in die Tat umzusetzen sein.

Modernes Orakel:
Die Fische prophezeien Überfluß und Reichtum.

Neue Ideen sprudeln aus dem Unterbewußten und bringen Erfolg, wenn sie in die Tat umgesetzt werden.

Auch versuchen Sie, etwas herauszufinden, um zu wissen, woran Sie sind.

Doch die wichtigste Botschaft dieser Karte ist, daß der/die Fragesteller/in durch Handel und geschäftliche Unternehmungen sehr reich werden wird: Gewinne auf allen Gebieten sind möglich.

Ihre Unternehmungen werden von Erfolg gekrönt sein.

Liegen die Fische weit von der Personenkarte entfernt und sind sie von Karten mit einer negativen Grundbedeutung umgeben, dann müssen wir uns vor Klatsch und abfälligem Gerede hüten. Gewisse Pläne werden sich zerschlagen.

**35
Der Anker**
Stabilität
Pik Neun

Traditionelle Bedeutung:
Sie werden in allen Unternehmungen, die mit Liebe und mit geschäftlichen Angelegenheiten in Zusammenhang stehen, Erfolg haben. Man wird Ihnen in der Liebe treu sein, und die Arbeit, die Sie tun, wird sich günstig für sie auswirken.

Liegt diese Karte weit von der Personenkarte entfernt, so müssen Sie mit unbeständigen Gedanken und mit einem allgemein instabilen Zustand rechnen.

Modernes Orakel:
Der Anker prophezeit Treue in der Liebe und Sicherheit.

Sie sehnen sich nach einem sicheren Hafen, in dem Sie Ausgeglichenheit, Erholung und Ruhe finden.

Jemand in Ihrer Umgebung wird Sie unterstützen und versuchen, Ihnen Geborgenheit zu schenken.

Geschäftsleuten bringt der Anker eine gute Nachricht: Sie werden interessante Handelsbeziehungen eingehen, die sich zu Ihrem Vorteil entwickeln werden.

Liegt der Anker weit von der Personenkarte entfernt, dann ist die/der Ratsuchende ein Mensch mit einem unsteten Charakter, der ständig seine Meinung ändert.

Sowohl in der Liebe als auch in geschäftlichen Angelegenheiten wird keine Harmonie herrschen.

36
Das Kreuz
Leid
Kreuz Sechs

Traditionelle Bedeutung:
Das Kreuz ist immer ein schlechtes Vorzeichen.
 Liegt diese Karte in der Nähe der Personenkarte, so ist das Leid oder das Unglück nur von kurzer Dauer bzw. zeitlich begrenzt.

Modernes Orakel:
Das Kreuz kündigt Leid und Mißgeschick an.
 Über eine bestimmte Episode in Ihrem Leben können Sie nur „ein Kreuz schlagen" – sie mit Fassung tragen.
 Auch geht eine Situation oder eine Beziehung ihrem Ende zu, was großen Kummer verursacht.
 Immer müssen die Karten, die das Kreuz umgeben, zur Deutung herangezogen werden: Sie geben Aufschluß darüber, welche Art von Leid über Sie kommen wird.
 Liegt das Kreuz in der Nähe der Personenkarte, so ist es nicht ganz so negativ zu deuten: Mißgeschick und Leid werden keine schlimmen Folgen haben und nur von kurzer Dauer sein. Sie

„schlagen ein Kreuz" über das, was geschehen ist, doch ein neuer Anfang liegt vor Ihnen!

6. Verschiedene Methoden zum Auslegen der Karten mit Beispielen

a) Das Neunerschema

In diesem Fall müssen wir neun Karten auswählen.

Nachdem wir die Personenkarte, die uns selbst repräsentiert, aus dem Spiel genommen und in die Mitte gelegt haben, mischen wir die restlichen 35 Karten und breiten sie mit verdeckter Bildseite vor uns auf dem Tisch aus. Wir wählen nun neun Karten, während wir uns auf die Frage konzentrieren. Anschließend legen wir die Karten aus.

Der Einfachheit halber werde ich die einzelnen Positionen numerieren.

Die Karten der Positionen
Nr. 1, 5 und 6 spiegeln die Vergangenheit wieder,
Nr. 2, 4 und 9 die Gegenwart,
Nr. 3, 7 und 8 die Zukunft.

Pos. 1: Diese Karte repräsentiert die Vorgänge in der nahen Vergangenheit, die die gegenwärtige Situation stark beeinflussen.

Pos. 2: Diese Karte zeigt an, was Sie heute entscheidend beeinflußt.

Pos. 3: Diese Karte zeigt die zukünftige Entwicklung an.

Pos. 4: Hier sehen Sie, worauf Sie heute Einfluß haben.

Pos. 5: Diese Karte ist das Bindeglied zwischen Vergangenheit und Gegenwart sowie dazu, worauf Sie heute Einfluß haben.
Pos. 6: Dies ist die Verbindung zwischen Pos. 1 und Pos. 2 – der Vergangenheit und dem, was Sie in direkter Folge der Vergangenheit zur Zeit beeinflußt. Was sie säen, das werden Sie ernten. Hier geht es also um Ihr Karma.
Pos. 7: Diese Position zeigt die Einflüsse des Karmas, der Vergangenheit und Gegenwart auf die Zukunft.
Pos. 8: Diese Position zeigt die positiven Möglichkeiten auf, die Sie haben, um die Zukunft so vorteilhaft wie möglich zu gestalten.

Beispiel für das Neunerschema

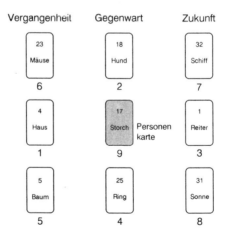

Pos. 9: Diese Karte zeigt das Endresultat der he
oder Probleme; die Karte wird auf c
te gelegt.

Pos. 1: Das Haus (Nr. 4) in der Position der heutig
oder der nahen Vergangenheit, zeigt Ihnen, daß Probleme in Zusammenhang mit einem Haus aufgetreten sind.

Pos. 2: Die Karte Nr. 18 (Hund) symbolisiert einen treuen
Freund, der Ihnen helfen möchte.

Pos. 3: Der Reiter (Nr. 1) wird in Kürze eine wichtige Nachricht überbringen.

Pos. 4: Der Ring (Nr. 25) sagt Ihnen, daß der Zeitpunkt für eine
glückliche Wiedervereinigung oder für eine Ehe gekommen ist.

Pos. 5: Der Baum (Nr. 5) zeigt an, daß es mit Ihrer Gesundheit
in der Vergangenheit nicht zum Besten stand und auch
noch nicht viel besser geworden ist. Gönnen Sie sich
genügend Ruhe und versuchen Sie, wieder zu Kräften
zu kommen, denn in der Zukunft wird es in Ihrem Leben
zu großen Veränderungen kommen, die Sie glücklich
machen werden. Lassen Sie also den Mut nicht sinken!

Pos. 6: Die Karte Nr. 23 (Mäuse) symbolisiert in dieser Position Verlust. Der Baum weist darauf hin, daß es mit Ihrer
Gesundheit nicht zum Besten steht. Ihre Lebensenergie
ist angezapft worden, wodurch Sie finanzielle Einbu-
ßen erlitten haben. Da die Mäuse in der Nähe des
Hauses liegen, können wir schließen, daß jemand sehr
stark von der Situation profitiert und viele Kleinigkei-
ten gestohlen hat. Lassen Sie Ihr Portemonnaie nicht so
sorglos herumliegen, und wenn Sie mit jemandem zu-
sammenarbeiten, müssen Sie aufpassen, daß er Sie fi-
nanziell oder in anderer Hinsicht nicht übervorteilt.

Die Mäuse können auch auf eine chronische Krankheit hinweisen, die Ihnen ständig Unannehmlichkeiten bereitet.

Diese Karte liegt zwischen dem Haus und dem Hund, so daß wir annehmen können, daß ein treuer Freund sorgsam über Sie wacht.

Pos. 7: Das Schiff (Nr. 3) kündigt eine Reise an, die sich sehr positiv auf Ihren weiteren Lebensweg auswirken wird. Da diese Karte über dem Reiter liegt, könnte die wichtige Nachricht des Reiters eine Einladung zu einer weiten Reise sein.

Pos. 8: Die Sonne (Nr. 31) prophezeit Ihnen in der Zukunft sehr großes Glück. Sie können Ihrem weiteren Leben optimistisch und mit positiver Einstellung entgegentreten. Alles wird gut werden!

Pos. 9: Die Karte Nr. 17 (Storch) kündigt eine große Veränderung in Ihrem Leben an. Sie werden umziehen!

Zusammenfassung:

Vergangenheit:
In Ihrer näheren Umgebung hat sich jemand an Ihnen bereichert. Ihre Gesundheit hat Ihnen in der Vergangenheit Streiche gespielt: Eine Krankheit hat Ihre Lebenskraft und Ihren Lebensmut untergraben.

Gegenwart:
Jemand mag sie sehr gerne und wird versuchen, Ihnen zu helfen, so gut er/sie nur kann.

Sie werden mit jemandem eine Beziehung eingehen, die sich als Bindung fürs Leben erweisen wird.

Ihre gesamte Lebenssituation wird sich verändern, und Sie planen einen Umzug oder einen Wohnortswechsel.

Zukunft:
Sie erhalten eine Nachricht aus der Ferne, in deren Folge Sie in ein sonniges Land verreisen. Oder ein Telefonanruf ist der Anlaß für eine Reise, durch welche sich Ihr Leben entscheidend verändert. Sie können mit einer günstigen finanziellen Entwicklung rechnen. Sie werden eine optimistische Einstellung zum Leben entwickeln.

b) Das Kreuz von Gegenwart, Vergangenheit und Zukunft

Die Karten werden gemischt und in vier Reihen zu jeweils neun Karten ausgelegt (siehe Beispiel).

Wenn eine Frau die Karten befragt, dann wird sie durch die Karte Nr. 29 (Dame) repräsentiert, und diese wird zu ihrer Personenkarte. Die Karte Nr. 28 (Herr) symbolisiert in diesem Fall den Mann in ihrem Leben – ihren Partner oder Geliebten.

Werden die Karten für einen Mann gedeutet, so ist die Karte Nr. 28 (Herr) die Personenkarte.

Man schaut nach, wo die Personenkarte liegt und beginnt von dort mit der Deutung.

Alle Karten, die links von der Personenkarte liegen, symbolisieren die Vergangenheit des/der Ratsuchenden, die Karten rechts von der Personenkarte die Zukunft. Die Karten unter der Personenkarte verkörpern das, was der/die Ratsuchende selbst in der Gegenwart beeinflussen kann. Die Karten über der Personenkarte symbolisieren das, was die/der Ratsuchende in der Gegenwart zu erwarten hat.

In diesem System wird die Persönlichkeit der/des Ratsuchenden beleuchtet und – gegliedert in Vergangenheit, Gegenwart und Zukunft –, gedeutet.

Beispiel für das Kreuzschema

Gesetzt den Fall, eine unverheiratete Frau sucht Rat. Wir legen die Karten, nachdem wir sie gemischt haben, in vier Reihen zu jeweils neun Karten aus und erhalten das Schema, das nachfolgend abgebildet ist.

1. Zuerst betrachten wir die Personenkarte der Fragestellerin, die Karte Nr. 29 (Dame).

2. Anschließend sehen wir uns die Karten an, die von der Personenkarte ausgehend in der Vergangenheitsreihe liegen. Der Sarg (Nr. 8) deutet auf den kürzlichen Tod (oder auf die ernste Erkrankung) eines geliebten Menschen oder auf das Ende einer Beziehung hin. Die Fragestellerin hat in beruflicher Hinsicht viel Pech gehabt. Dies sehen wir an der Karte Nr. 32 (Mond). Das Kreuz (Nr. 36) sagt uns, daß eine bestimmte Episode im Berufsleben der Fragestellerin zum Abschluß gekommen ist. Sie hatte sich in ihr Haus zurückgezogen, das ihr Sicherheit und Schutz bot, wie die Karte Nr. 4 (Haus) zeigt.

3. Ihre heutige Lebenssituation sieht wesentlich positiver aus: Sie erhält Hilfe und Unterstützung von einem treuen Freund (Nr. 18, Hund), der ihr Schutz bietet und Glück schenkt (Nr. 30, Lilien).

4. Diese Freundschaft wird zu einer glücklichen Ehe führen, wenn die Fragestellerin dies will (Nr. 25, Ring). In naher Zukunft wird sie eine wichtige Nachricht erhalten (Nr. 1, Reiter), die ihr Leben mit Liebe und Freude erfüllen wird (Nr. 24, Herz). Der Anker (Nr. 35) schenkt ihr Hoffnung und Vertrauen in die Zukunft. Die Fragestellerin wird sich in einer angenehmen künstlerischen Umgebung aufhalten, in der sie sich wohlfühlen wird (Nr. 20, Garten).

5. Um ein vollständiges Bild von der Lebenssituation der Frau zu erhalten, müssen wir auch die unmittelbar an das Kreuz angrenzenden Karten untersuchen.

Beispiel für das Kreuz der Vergangenheit, Gegenwart und Zukunft und für das
Kreuz des Schicksals

Folgen

Folgen

Gegenwart

Gegenwart

Ursachen

Ursachen

Vergangenheit

27 Brief	9 Strauß	17 Storch	33 Schlüssel	30 Lilien	11 Rute	16 Stern	6 Wolken	26 Buch
19 Turm	28 Herr	22 Weg	3 Schiff	18 Hund	23 Mäuse	7 Schlange	2 Klee	14 Fuchs
20 Garten	35 Anker	24 Herz	1 Reiter	29 Dame	4 Haus	36 Kreuz	32 Mond	8 Sarg
15 Bär	13 Kind	12 Vogel	31 Sonne	25 Ring	5 Baum	21 Berg	10 Sense	34 Fische

96

c) Das Kreuz des Schicksals oder das karmische Kreuz

Bei dieser Methode wird das Schicksal der/des Ratsuchenden enthüllt und die Ursachen und Folgen ihrer/seiner Lebenssituation werden beleuchtet.

Die 36 Karten werden gemischt und allesamt in vier Reihen zu je neun Karten ausgelegt (siehe voriges Beispiel).

Von der Personenkarte aus (bei einer Frau Karte Nr. 29, bei einem Mann Karte Nr. 28) zieht man die beiden Diagonalen des Schicksalskreuzes (siehe voriges Beispiel).

Die Karten, die links von der Personenkarte auf den Diagonalen liegen, geben Auskunft über die Vergangenheit des Fragestellers, über die Entwicklungen, die zu seiner heutigen Lebenssituation und zu seinen heutigen Problemen geführt haben.

Die Karten, die rechts von der Personenkarte auf den Diagonalen liegen, geben Auskunft über seine Zukunft. Sie zeigen, wie sich die heutige Situation des Fragestellers entwickeln wird und welche Folgen seine vergangenen Handlungen haben werden.

Das Kreuz des Schicksals gibt uns also Aufschluß über die Lebensumstände und Probleme, die der Fragesteller selbst geschaffen hat, sowie über die sich daraus ergebenden Konsequenzen für Gegenwart und Zukunft.

Beispiel für das Kreuz des Schicksals

Auch in diesem Fall legen wir die Karten nach dem Mischen in vier Reihen zu je neun Karten aus und erhalten das obige Bild.

1. Nach dem Ziehen der Diagonalen sehen wir drei Karten, die in der Vergangenheit eine große Rolle gespielt haben und die heutige Situation des Fragestellers beeinflussen.
   Diese Karten sind Nr. 23 (Mäuse), Nr. 16 (Stern) und Nr. 5 (Baum). Sie sind verantwortlich für die aktuellen Probleme. Dies sind die Ursachen. Die Mäuse (Nr. 23) berichten über einen Diebstahl oder Verlust. Da die dritte Vergangenheitskarte der Baum (Nr. 5) ist, der Lebenskraft und Gesundheit verkörpert, können wir schließen, daß ein bestimmtes Vorhaben bedingt durch den Gesundheitszustand der Ratsuchenden (Nr. 16, Stern) erfolglos verlaufen ist.
2. Wie wirkt sich dies nun auf die Zukunft aus? Auch hier sehen wir drei Karten: Nr. 3 (Schiff), Nr. 17 (Storch) und Nr. 31 (Sonne).
   Das Schiff (Nr. 3) zeigt an, daß der/die Ratsuchende in naher Zukunft eine Reise unternehmen wird, die sein/ihr Leben vollständig verändern wird (Nr. 17, Storch). Die Sonne (Nr. 31) weist auf eine positive Entwicklung im Leben dieser Person hin. Alle Vorhaben werden von Erfolg gekrönt sein, und er/sie wird ein Vermögen anhäufen.

d) Die traditionelle „Weit entfernt/nahebei"-Methode

In diesem Fall schauen wir uns die Bedeutung jeder einzelnen Karte sowie die Beziehungen der Karten untereinander an.

Wichtig ist vor allem die Beziehung der Karten zur Personenkarte und zu den Wolken (Nr. 6).

Wir verwenden alle 36 Karten und legen sie in vier Reihen mit jeweils acht sowie einer Reihe mit vier Karten aus (siehe Abbildung unten).

Dann schauen wir uns an, wie sich die Karten gegenseitig beziehungsweise die Personenkarte beeinflussen.

Zur Veranschaulichung hier ein Beispiel:

Beispiel für das „Weit entfernt/nahebei"-Schema

20 Garten	13 Kind	23 Mäuse	4 Haus	3 Schiff	10 Sense	5 Baum	15 Bär
17 Storch	26 Buch	**29 Dame**	27 Brief	30 Lilien	25 Ring	35 Anker	34 Fische
19 Turm	33 Schlüssel	11 Rute	1 Reiter	31 Sonne	12 Vögel	7 Schlange	8 Sarg
16 Stern	14 Fuchs	21 Berg	24 Herz	**6 Wolken**	9 Strauß	36 Kreuz	2 Klee
		22 Weg	**28 Herr**	32 Mond	18 Hund		

99

Zur Erleichterung interpretieren wir die Karten einzeln, in der Reihenfolge von 1 - 36. Wir beginnen bei der Karte Nr. 1 (Reiter): Wir suchen diese Karte im Schema auf und stellen fest, ob sie in der Nähe der Personenkarte oder weit von ihr entfernt liegt.

Manche Karten, wie die Wolken (Nr. 6), der Ring (Nr. 25) und das Kind (Nr. 13) müssen besonders sorgfältig interpretiert werden. Bei den Wolken müssen wir darauf achten, welche Karte neben der dunklen Seite der Wolken liegt, da diese negativ beeinflußt wird. Der Ring zur rechten Seite der Personenkarte prophezeit eine glückliche Ehe. Das muß jedoch nicht in jedem Fall zutreffen. Wir müssen auch berücksichtigen, welche Karten den Ring umgeben. Sind sie negativ, so muß diese Karte ebenfalls negativ gedeutet werden. In jedem Fall jedoch weist der Ring an der rechten Seite der Personenkarte darauf hin, daß die Ehe im Leben der/des Ratsuchenden eine wichtige Rolle spielen wird.

Bevor wir mit der Deutung der Karten beginnen, sollten wir uns informieren, ob die/der Ratsuchende einen Partner oder ein Kind hat. Dies müssen wir bei der Interpretation berücksichtigen. Das Kind wird dann natürlich durch die Karte Nr. 13 (Kind) symbolisiert. Diese Karte hat aber auch noch eine andere Bedeutung: Sie symbolisiert die Herzenswünsche, weshalb wir hier bei der Deutung vorsichtig sein müssen. Zuviele Fragen sollte man der/dem Ratsuchenden jedoch nicht stellen, sonst könnte die Interpretation an Glaubwürdigkeit verlieren.

e) Kurze Interpretation der Schlüsselbegriffe für die traditionelle „Weit entfernt/nahebei"-Methode

nahe der Personenkarte   *entfernt von der Personenkarte*

1 Der Reiter
Gute Nachricht aus der   Gute Nachricht aus dem
Umgebung;   Ausland;

2 Der Klee
Sorgen werden sich auflösen;   Unterminierung;

3 Das Schiff
Eine Reise steht bevor;   Erfolgschancen;

4 Das Haus
Liegt das Haus in der Mitte des Schemas und unter der Personenkarte:
Nehmen Sie sich vor Ihrer Umgebung und Ihren Nachbarn in acht, seien Sie vorsichtig!

5 Der Baum
Achten Sie auf Ihre   Gute Gesundheit.
Gesundheit!

6 Die Wolken
Links neben der Personen-   *Rechts neben der Personenkar-*
karte, neben dem hellen Teil: *te, neben dem dunklen Teil:*
Alles kann noch gut werden;   *Große Sorgen und Hindernis-*
                                se;

101

7 Die Schlange
Verrat, Betrug und Eifer-
sucht;

Seien Sie gewarnt!

8 Der Sarg
Schwere Krankheit, Tod,
Verlust großer Summen Geld,
Mutlosigkeit;

Das Ende eines Zustandes;

9 Der Blumenstrauß
Glück und Zufriedenheit
im Alltag;

Freundlichkeit;

10 Die Sense
Eine drohende Gefahr;

Verteidigung, Warnung;

11 Die Rute
Zank und Streit in der
Familie, mit Freunden
und/oder in Liebesbe-
ziehungen; eine
chronische Krankheit;

Schauen Sie sich die umliegenden Karten an, um festzu-
stellen, woher Ihnen die Disharmonie droht.

12 Die Vögel
Schwierigkeiten und Enttäuschungen von kurzer Dauer;

Eine kurze, glückliche und unerwartete Reise;

13 Das Kind
Anerkennung, Beliebtheit
und Achtung;

Freundlichkeit und Nachdenk-
lichkeit;

14 Der Fuchs
Betrug und eine Falle, die man Ihnen in Ihrer Umgebung stellt;

Sehen Sie sich die umliegenden Karten an, dann erfahren Sie, wer Sie in die Falle locken will.

15 Der Bär
Hilfe von einer starken Persönlichkeit;

Betrug, Eifersucht und Neid; Gerede hinter Ihrem Rücken;

16 Der Stern
Erfolgreiche Unternehmungen;

Liegen die Wolken oder andere Karten mit einer ungünstigen Bedeutung in der Nähe, so müssen Sie mit einer langen Pechsträhne rechnen.

17 Der Storch
Wohnortswechsel;

Ein Umzug verzögert sich oder wird aufgeschoben; ein stabiler Zustand;

18 Der Hund
Schutz durch treue Freunde;

Liegen Karten mit ungünstiger Bedeutung oder die Wolken in der Nähe, so lautet die Botschaft: trügerische Freundschaften und falsche Freunde.

19 Der Turm
Ein langes Leben;

In der Nähe von Karten mit

103

ungünstiger Bedeutung: Invalidität, schwere Krankheit, Tod;

20 Der Garten
Kleine Feste und Zusammenkünfte; Anbahnung neuer Freundschaften;

Warnung vor falschen Freunden;

21 Der Berg
Widerstand und Feindschaft;

Schutz durch Freunde bei Gefahr;

22 Der Weg
Eine schwere Wahl;
ein Scheideweg im Leben;

Eine Lösung für ein schwieriges Problem muß gefunden werden.

23 Die Mäuse
Verlorenes oder Gestohlenes wird wiedergefunden;

Ein unersetzlicher Verlust;

24 Das Herz
Eine glückliche Romanze;

Einsamkeit;

25 Der Ring
Rechts von der Personenkarte:
Eine glückliche Ehe und ein glückliches Leben.

Links von der Personenkarte:
Eine aufgelöste Verlobung, eine Scheidung.

26 Das Buch
Ein Geheimnis, das Sorgen und Leid bringen wird;

Sie entdecken etwas Geheimnisvolles, aber nichts Negatives.

27 Der Brief
Gute Nachricht aus dem Ausland;
In der Nähe der Wolken oder anderer ungünstiger Karten:
    Schlechte Nachrichten;

28 Der Herr

Der Mann, Gatte oder Freund;

29 Die Dame

Die Frau, Gattin oder Freundin;

30 Die Lilien
über der Personenkarte:
Tugendhaftigkeit, gute Laune und eine moralische Lebenseinstellung;

unter der Personenkarte:
Unsicherheit, Kummer und familiäre Schwierigkeiten;

31 Die Sonne
Glück und gute Zukunftsaussichten;

Enttäuschungen, Mutlosigkeit und Mißerfolg in allen Unternehmungen;

32 Der Mond
Respekt, Anerkennung und Auszeichnungen;

Unzufriedenheit, Kummer und Mangel an Anerkennung;

33 Der Schlüssel

Erfolg bei neuen Vorhaben und beim Erreichen der eigenen Ziele;

Mißerfolg, große Schwierigkeiten, Mißlingen von Plänen, Mutlosigkeit;

34 Die Fische

Reichtum, Erfolg, Glück; Ziele werden erreicht.

Schwierigkeiten bei der Verwirklichung neuer Pläne;

35 Der Anker

Lebenslange Treue in der Liebe, Erfolg im Geschäftsleben, eine positive berufliche Entwicklung;

Instabilität in der Liebe;

36 Das Kreuz

Mißgeschick und kurzzeitiges Leid;

Die Karten, die das Kreuz umgeben, geben nähere Auskunft über die Art des Leids.

Beispiel für eine Frau

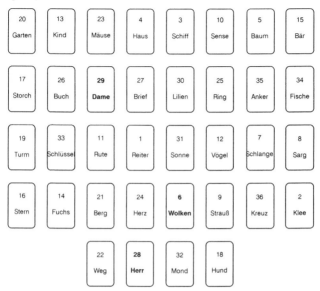

Karte 1, *Der Reiter:*

Liegt nahe bei der Fragestellerin: Neuigkeiten werden ihr in der eigenen Wohnung übermittelt werden (Nr. 4, Haus und Nr. 1, Reiter), die ihr Glück bringen werden (Nr. 30, Lilien).

Karte 2, *Der Klee:*

Liegt weit entfernt: Die Fragestellerin wird Enttäuschungen einstecken müssen, verursacht durch eine eifersüchtige Person (Nr. 7, Schlange), wodurch eine bestimmte Phase und eine bestimmte Situation in ihrem Leben zuende gehen werden (Nr. 8, Sarg und Nr. 36, Kreuz).

Karte 3, *Das Schiff:*

Liegt in der Nähe der Personenkarte: Die Fragestellerin wird von jemandem beschützt werden (Nr. 30, Lilien), der von weither (Nr. 3, Schiff) zu ihr nach Hause (Nr. 4, Haus) kommen wird, woraufhin sie mit einem anderen Menschen brechen wird (Nr. 10, Sense).

Karte 4, *Das Haus:*

Nach einem Verlust (Nr. 23, Mäuse) im eigenen Haus wartet nun das Glück auf sie (Nr. 4, Haus) in Form einer Nachricht (Nr. 27, Brief), die von weither kommt (Nr. 3, Schiff).

Karte 5, *Der Baum:*

Die Gesundheit der Ratsuchenden ist gut, aber sie muß aufpassen, daß sie nicht durch Liebeskummer (Nr. 35, Anker) psychisch „gebrochen" wird (Nr. 10, Sense), verursacht durch eine neidische Person. Doch wird ihr eine Mutterfigur (Nr. 15, Bär) zu Hilfe kommen.

Karte 6, *Die Wolken:*

Liegen neben dem Geliebten (Nr. 24, Herz und Nr. 28, Herr) und nicht weit von der Fragestellerin entfernt. Ihr Glück und ihre gute Laune (Nr. 31, Sonne) werden getrübt werden (Nr. 6, Wolken) durch einen Geliebten (Nr. 24, Herz), der ihr ihren beruflichen Erfolg (Nr. 9, Blumenstrauß) nicht gönnt (Nr. 32, Mond).

Karte 7, *Die Schlange:*

Liegt relativ weit von der Fragestellerin entfernt – sie wird über der Situation stehen. Dennoch ist klar zu erkennen, daß eine eifersüchtige Person (Nr. 7, Schlange) Schwierigkeiten (Nr. 12, Vögel) machen wird, weshalb die Fragestellerin auf Enttäuschung in der Liebe (Nr 35, Anker) gefaßt sein muß. Sie wird dem ein Ende setzen (Nr. 8, Sarg), und dies wird gleichzeitig auch das Ende einer bestimmten Phase ihres Lebens (Nr. 36, Kreuz) bedeuten.

Karte 8, *Der Sarg:*

Deutet auf das Ende einer Situation (Nr. 8, Sarg) mit einer eifersüchtigen Person (Nr. 7, Schlange) hin, die dem Glück der Ratsuchenden im Wege steht (Nr. 2, Klee) und ihre Pläne zu durchkreuzen versucht (Nr. 34, Fische).

Karte 9, *Der Blumenstrauß:*

Kündigt Schwierigkeiten (Nr. 12, Vögel) und Sorgen (Nr. 6, Wolken) in Liebe und Freundschaft (Nr. 9, Blumenstrauß, und Nr. 18, Hund) an, wodurch eine Beziehung zuende gehen wird (Nr. 36, Kreuz).

Karte *10, Die Sense:*

Durch eine Reise oder durch erworbenen Reichtum (Nr. 3, Schiff) wird es zu einem Bruch (Nr. 10, Sense) in der Liebesbeziehung oder Ehe (Nr. 25, Ring) der Fragestellerin kommen, worüber sie sich unglücklich fühlen wird (Nr. 5, Baum).

Karte 11, *Die Rute:*

Infolge einer Nachricht (Nr. 1, Reiter) wird die Fragestellerin (Nr. 29, Dame) beim Verwirklichen ihrer Herzenswünsche (Nr. 33, Schlüssel) mit Streit (Nr. 11, Rute) und Widerstand (Nr. 21, Berg) konfrontiert werden.

Karte 12, *Die Vögel:*

Schwierigkeiten (Nr. 12, Vögel) mit einem Geliebten (Nr. 25, Ring, und Nr. 9, Blumenstrauß) und einer eifersüchtigen Person (Nr. 7, Schlange), die dem Glück (Nr. 31, Sonne) im Wege steht (Nr. 6, Wolken), bahnen sich an.

Karte 13, *Das Kind:*

Ihre geheimen (Nr. 26, Buch) Herzenswünsche (Nr. 13, Kind) werden ihr in einer großen Gesellschaft (Nr. 20, Garten) genommen werden (Nr. 23, Mäuse). Falls wir zu Anfang der Sitzung von der Fragestellerin erfahren haben, daß sie ein Kind hat, könnten wir auch deuten, daß ein Kind, das studiert (Nr. 26, Buch) auf einer großen Gesellschaft oder auf einem Fest (Nr. 20, Garten) bestohlen werden wird (Nr. 23, Mäuse).

Karte 14, *Der Fuchs:*

Die Fragestellerin hat bestimmte Pläne, die sie in die Tat umsetzen will (Nr. 33, Schlüssel und Nr. 16, Sterne), wobei sie jedoch auf großen Widerstand (Nr. 21, Berg) stoßen wird - Menschen aus ihrer nächsten Umgebung versuchen, sie zu betrügen (Nr. 14, Fuchs).

Karte 15, *Der Bär:*

Liegt weit von der Fragestellerin entfernt. Sie muß sich vor Neidern hüten, die sie um ihren Wohlstand (Nr. 34, Fische) beneiden, was zur Folge haben wird, daß sie sich unglücklich fühlt (Nr. 5, Baum).

Karte 16, *Der Stern:*

Die Fragestellerin hat Aussichten auf Erfolg in ihren Unternehmungen (Nr. 16, Stern), wodurch sich ihr Leben (Nr. 19, Turm) verändern könnte (Nr. 17, Storch). Sie muß sich allerdings hüten, jedem beliebigen Menschen in ihrer Umgebung zu vertrauen (Nr. 14, Fuchs).

Karte 17, *Der Storch:*

Das Leben der Fragestellerin (Nr. 19, Turm) hat sich durch einen Umzug (Nr. 17, Storch) oder durch ihre Aufnahme in eine große und vornehme Gesellschaft (Nr. 20, Garten) verändert, wobei sie entweder sehr diskret vorgegangen ist oder ein

Studium begonnen hat (Nr. 26, Buch).

Karte 18, *Der Hund:*

Liegt weit von der Fragestellerin entfernt: Eine Freundschaft wird schwer belastet werden (Nr. 6, Wolken und Nr. 9, Blumenstrauß), was ihren weiteren beruflichen Werdegang (Nr. 32, Mond) überschatten wird (Nr. 6, Wolken).

Karte 19, *Der Turm:*

Das Leben der Fragestellerin wird infolge eines Neuanfangs (Nr. 33, Schlüssel) in bestimmten Unternehmungen (Nr. 16, Sterne) eine neue Wendung nehmen (Nr. 17, Storch).

Karte 20, Der Garten:

Die Fragestellerin wird bei einer Zusammenkunft neue Freunde kennenlernen (Nr. 20, Garten und Nr. 13, Kind), was ihre Lebenssituation verändern wird (Nr. 19, Turm, und Nr. 17, Storch).

Karte 21, *Der Berg:*

Liegt in der Nähe der Fragestellerin. Widerstand, Betrug und Streit (Nr. 21, Berg, Nr. 14, Fuchs, und Nr. 11, Rute) in Verbindung mit einem Geliebten (Nr. 24, Herz) werden sie vor eine wichtige Entscheidung stellen (Nr. 22, Weg).

Karte 22, *Der Weg:*

Liegt nicht weit von der Personenkarte und den Wolken entfernt. Ein Geliebter (Nr. 24, Herz, und Nr. 28, Herr) wird der Fragestellerin Widerstand (Nr. 21, Berg) entgegensetzen.

Karte 23, *Die Mäuse:*

Liegen in der Nähe der Personenkarte. Die Ratsuchende wird das, was man ihr genommen oder was sie verloren hat, im Hause (Nr. 4, Haus) zurückerhalten. Das Verlorene steht mit einem Kind oder mit bestimmten Herzenswünschen (Nr. 13, Kind) in Zusammenhang.

Karte 24, *Das Herz:*

Durch Nachrichten (Nr. 1, Reiter), die sie optimistisch (Nr. 31, Sonne) stimmen müßten, kommt es zu Streit (Nr. 11, Rute) und Behinderung (Nr. 21, Berg) in Verbindung mit dem Partner (Nr. 24, Herz und Nr. 28, Herr), was viele Schwierigkeiten (Nr. 6, Wolken) bei der Verwirklichung bestimmter beruflicher Pläne (Nr. 32, Mond) heraufbeschwören wird.

Karte 25, *Der Ring:*

Es wird zu einem Bruch in einer Liebesbeziehung kommen (Nr. 10, Sense, und Nr. 25, Ring). Infolgedessen wird die Fragestellerin in der Liebe (Nr. 12, Vögel, und Nr. 35, Anker) enttäuscht werden. Doch eine einflußreiche Persönlichkeit, die

von weither kommt (Nr. 30, Lilien, und Nr. 3, Schiff), wird sie
beschützen. Liegt der Ring rechts von der Personenkarte, so
wird ihr für die Zukunft eine glückliche Ehe in Wohlstand prophezeit, die nichts mit der heutigen Beziehung zu tun hat.

Karte 26, *Das Buch:*

Steht mit geheimen Herzenswünschen (Nr. 26, Buch, Nr. 33,
Schlüssel und Nr. 13, Kind) in Zusammenhang, die sich verändern werden (Nr. 17, Storch). Möglicherweise wünscht sich
die Fragestellerin insgeheim ein Kind (Nr. 26, Buch, Nr. 13,
Kind, Nr. 17, Storch, und Nr. 29, Personenkarte), verbunden
mit der Hoffnung, daß sich ihr Leben dadurch verändern wird
(Nr. 17, Storch).

Karte 27, *Der Brief:*

Gute Nachrichten sind in der eigenen Wohnung zu erwarten
(Nr. 27, Brief, und Nr. 1, Reiter), zum Beispiel durch einen Telefonanruf. Die Nachricht wird der Frau zu beruflichen Fort-
schritten und zu Glück verhelfen (Nr. 30, Lilien).

Karte 28, *Der Herr:*

Repräsentiert den Geliebten (Nr. 24, Herz) der Fragestellerin. Er
wird in seiner eigenen beruflichen Karriere Hilfe von einem
Freund erhalten (Nr. 32, Mond und Nr. 18, Hund). Doch werden
Hindernisse auftauchen (Nr. 6, Wolken), was ihn in seinem Leben
vor eine wichtige Entscheidung stellen wird (Nr. 22, Weg).

114

Karte 29, *Die Dame:*

Ist die Fragestellerin selbst. Sie muß sich vor Diebstahl in acht nehmen und sollte feststellen, ob sie etwas verloren hat (Nr. 23, Mäuse). Man wird ihr Dokumente zusenden (Nr. 27, Brief, und Nr. 26, Buch), durch die es zu Zwietracht kommen wird (Nr. 11, Rute).

Karte 30, *Die Lilien:*

Eine Nachricht aus der Ferne wird die Fragestellerin glücklich machen (Nr. 30, Lilien, Nr. 27, Brief und Nr. 3, Schiff). Durch eine geschäftliche Partnerschaft mit einem Menschen, (Nr. 25, Ring, und Nr. 30, Lilien), der sie fördert, wird sie das Glück auf ihrer Seite haben (Nr. 31, Sonne).

Karte 31, *Die Sonne:*

Eine Nachricht, die sie glücklich machen wird (Nr. 1, Reiter, und Nr. 30, Lilien), wird Schwierigkeiten verursachen (Nr. 12, Vögel), und sie wird gewisse Hindernisse überwinden müssen (Nr. 6, Wolken).

Karte 32, *Der Mond:*

Liegt weit von der Personenkarte entfernt, aber neben der Karte des Partners (Nr. 28, Herr). Ein Geliebter (Nr. 6, Wolken, und Nr. 28, Herr) wird ihren beruflichen Erfolg behindern, doch sie wird von einem Freund unterstützt werden, der ihr helfen möchte (Nr. 18, Hund, und Nr. 9, Blumenstrauß).

Karte 33, *Der Schlüssel:*

Die geheimen Herzenswünsche (Nr. 26, Buch, und Nr. 33, Schlüssel) werden sabotiert werden durch Streit (Nr. 11, Rute) mit hinterlistigen Menschen (Nr. 14, Fuchs). Doch wird sie in ihrem Leben (Nr. 19, Turm) einen Neuanfang (Nr. 33, Schlüssel) machen können.

Karte 34, *Die Fische:*

Liegen weit von der Fragestellerin entfernt: Ihre gut vorbereiteten Zukunftspläne mit einem Geliebten (Nr. 34, Fische, und Nr. 35, Anker) werden zunichte gemacht (Nr. 8, Sarg) von jemandem, der sehr neidisch auf sie ist (Nr. 15, Bär). Andererseits prophezeit diese Karte auch, daß sich ihr Reichtum durch die Hilfe einer starken Persönlichkeit (Nr. 15, Bär) vermehren wird (Nr. 34, Fische).

Karte 35, *Der Anker:*

Liegt nicht in der Nähe der Fragestellerin, was bedeutet, daß sie in der Liebe Schwierigkeiten mit einer eifersüchtigen Person bekommen wird (Nr. 7, Schlange), die ihre Ehe (Nr. 25, Ring) bedrohen wird. Infolgedessen wird sie sich unglücklich fühlen (Nr. 5, Baum). Doch werden erfolgreiche Handelstransaktionen ihr viel Geld einbringen (Nr. 35, Anker, und Nr. 34, Fische).

Karte 36, *Das Kreuz:*

Glück und Zufriedenheit in Liebe und Freundschaft (Nr. 2, Klee, und Nr. 9, Blumenstrauß) werden von einem eifersüchtigen Menschen (Nr. 7, Schlange) bedroht werden, wodurch eine bestimmte Phase in ihrem Leben zu Ende gehen wird (Nr. 36, Kreuz).

Beispiel für einen Mann

17 Storch	36 Kreuz	35 Anker	8 Sarg	7 Schlange	13 Kind	12 Vögel	11 Rute	10 Sense
23 Mäuse	22 Weg	**29 Dame**	**28 Herr**	15 Bär	14 Fuchs	24 Herz	9 Strauß	19 Turm
18 Hund	31 Sonne	30 Lilien	20 Garten	27 Brief	26 Buch	25 Ring	21 Berg	**6 Wolken**
34 Fische	33 Schlüssel	32 Mond	5 Baum	2 Klee	1 Reiter	16 Stern	4 Haus	3 Schiff

Karte 1, *Der Reiter:*

Gute Nachrichten aus dem Ausland (Nr. 27, Brief) durch einen Telefonanruf, der den Fragesteller zu Hause erreicht (Nr. 1,

Reiter). Er wird dadurch Dinge erfahren, die bisher sorgsam vor ihm verborgen wurden (Nr. 26, Buch). Seine Sorgen werden sich auflösen (Nr. 2, Klee), und er kann auf eine glückliche Ehe und ein glückliches Leben (Nr. 25, Ring und Nr. 24, Herz) hoffen, was ihm zu Erfolg in seinen Unternehmungen verhelfen wird (Nr. 16, Sterne).

Karte 2, *Der Klee:*

Sorgen werden sich auflösen (Nr. 2, Klee) durch gute Nachrichten aus dem Ausland (Nr. 27, Brief und Nr. 1, Reiter), die sich auf bisher sorgfältig geheimgehaltene Angelegenheiten beziehen (Nr. 26, Buch). Der Brief enthält Mitteilungen über Feste, Zusammenkünfte und neue freundschaftliche Beziehungen (Nr. 20, Garten), wodurch sich der Fragesteller besser fühlen wird (Nr. 5, Baum).

Karte 3, *Das Schiff:*

Wenig Aussichten auf Erfolg (Nr. 3, Schiff) hinsichtlich häuslicher Angelegenheiten (Nr. 4, Haus), bedingt durch Widerstand (Nr. 21, Berg) und Schwierigkeiten (Nr. 6, Wolken).

Karte 4, *Das Haus:*

Zu Hause (Nr. 4, Haus) wird dem Fragesteller großer Widerstand entgegengesetzt (Nr. 21, Berg) im Zusammenhang mit Partnerschaft (Nr. 25, Ring) und neuen Vorhaben (Nr. 16, Sterne), wobei er Mißerfolge (Nr. 16, Sterne, und Nr. 6, Wolken) einstecken muß. Die Schwierigkeiten (Nr. 6, Wolken) und der Widerstand (Nr. 21, Berg) beziehen sich auf ein Haus (Nr. 4, Haus), das weit vom Fragesteller entfernt ist (Nr. 3, Schiff). Er wird in seinem Leben (Nr. 10, Turm) von Freunden (Nr. 9, Blumenstrauß) beschützt.

Karte 5, *Der Baum:*

Der Fragesteller muß auf seine Gesundheit achten (Nr. 5, Baum) in einer schönen Umgebung, in der Menschen zusammenkommen (Nr. 20, Garten), die sowohl mit seiner Karriere (Nr. 32, Mond) als auch mit Privatangelegenheiten (Nr. 30, Lilien) zu tun haben. Sorgen werden sich auflösen (Nr. 2, Klee) durch Neuigkeiten aus dem Ausland (Nr. 27, Brief).

Karte 6, *Die Wolken:*

Er braucht im Leben keine allzugroßen Hindernisse überwinden (Nr. 6, Wolken, liegen weit von der Personenkarte entfernt). Doch um im Leben (Nr. 19, Turm) Erfolg (Nr. 3, Schiff) zu haben, wird er beträchtliche Schwierigkeiten überwinden müssen (Nr. 19, Turm, und Nr. 6, Wolken, liegen nahe beieinander).
Die Probleme entstehen durch Widerstand (Nr. 21, Berg) in einem Haus, das weit entfernt von seinem jetzigen Wohnort liegt (Nr. 4, Haus, und Nr. 3, Schiff).

Karte 7, *Die Schlange:*

Durch Betrug und Verrat von seiten einer eifersüchtigen Person (Nr. 7, Schlange) verliert der Fragesteller viel Geld (Nr. 8, Sarg, und Nr. 35, Anker), doch hilft ihm eine starke Persönlichkeit (Nr. 15, Bär), einer Falle auszuweichen (Nr. 14, Fuchs). Aufgrund dieser Falle könnte seine Beliebtheit Schaden erleiden (Nr. 13, Kind).

Karte 8, *Der Sarg:*

Verlust großer Geldsummen und der Treue des Partners (Nr. 8, Sarg, Nr. 35, Anker, und Nr. 29, Dame) durch die Eifersucht einer verräterischen Person (Nr. 7, Schlange). Er erhält Hilfe von einem starken Menschen (Nr. 15, Bär).

Karte 9, *Der Blumenstrauß:*

Seine Freundlichkeit und sein gutes Herz (Nr. 9, Blumenstrauß, und Nr. 24, Herz) werden untergraben durch Enttäuschungen in der Liebe (Nr. 12, Vögel, Nr. 24, Herz, und Nr. 11, Rute) zu einer jungen und allseits beliebten Person (Nr. 13, Kind). Die Wiedervereinigung mit jemandem, den er sehr liebt (Nr. 25, Ring, und Nr. 24, Herz) wird durch starken Widerstand (Nr. 21, Berg) erschwert, die Situation wird jedoch schließlich zu einem guten Abschluß kommen (die helle Seite der Nr. 6, Wolken, liegt neben Nr. 21, Berg). Er wird sich wehren müssen im Leben! (Nr. 18, Sense, und Nr. 19, Turm).

Karte 10, *Die Sense:*

Er wird sich wehren müssen (Nr. 10, Sense) gegen Krankheit (Nr. 19, Turm), und in Streitigkeiten (Nr. 11, Rute) und wird sich infolgedessen einsam fühlen (Nr. 9, Blumenstrauß).

Karte 11, *Die Rute:*

Der Fragesteller wird sich enttäuscht fühlen (Nr. 11, Rute, und Nr. 12, Vögel) in Liebe und Freundschaft (Nr. 24, Herz, und Nr. 9, Blumenstrauß), und dadurch wird er sich im Leben zur Wehr setzen müssen (Nr. 10, Sense, und Nr. 19, Turm).

Karte 12, *Die Vögel:*

Die Schwierigkeiten und Enttäuschungen in der Liebe (Nr. 12, Vögel, und Nr. 24, Herz) zu einer jungen und beliebten Person (Nr. 13, Kind), die ihm eine Falle zu stellen versucht (Nr. 14, Fuchs), werden von kurzer Dauer sein. Er wird sich unerwartet auf die Reise zu einem Menschen begeben, den er sehr mag (Nr. 24, Herz). Die Schwierigkeiten im alltäglichen Leben werden nicht lange anhalten, so daß er bald wieder das Leben genießen wird (Nr. 12, Vögel, Nr. 11, Rute, und Nr. 9, Blumenstrauß).

Karte 13, *Das Kind:*

Er wird enttäuscht werden (Nr. 12, Vögel) in der Liebe (Nr. 24, Herz) durch Menschen aus der eigenen Umgebung, die versuchen, ihn zu betrügen (Nr. 14, Fuchs) und, motiviert durch Eifersucht, versuchen ihn zu verraten (Nr. 7, Schlange). Eine starke Persönlichkeit (Nr. 15, Bär) wird ihm beistehen.

Karte 14, *Der Fuchs:*

Dem Fragesteller wird in seiner nächsten Umgebung eine Falle gestellt (Nr. 14, Fuchs) durch eine junge und beliebte Person (Nr. 13, Kind), die ihn in der Liebe enttäuscht (Nr. 12, Vögel, und 24, Herz), doch eine starke, mütterliche Gestalt (Nr. 15, Bär) wird ihm Beistand leisten.

Karte 15, *Der Bär:*

Hilfe von einer starken Persönlichkeit (Nr. 15, Bär) gegen einen betrügerischen Charakter (Nr. 14, Fuchs, und Nr. 13, Kind), die den Fragesteller aufgrund von Eifersucht (Nr. 7, Schlange) verraten will. Gute Nachricht aus dem Ausland (Nr. 27, Brief) von der starken Person, mit der er zusammentreffen wird (Nr. 20, Garten).

Karte 16, *Der Stern:*

Eine glückliche Ehe (Nr. 25, Ring, rechts neben der Personenkarte) und neue Vorhaben (Nr. 16, Sterne) werden zu Hause sabotiert werden (Nr. 21, Berg, und Nr. 4, Haus), was dem Fragesteller mitgeteilt werden wird (Nr. 1, Reiter).

Karte 17, *Der Storch:*

Ein Umzug wird verzögert und aufgeschoben. Der Zustand bleibt unverändert. Jedoch muß er sich gegen die kleinen Schmarotzer (Nr. 23, Mäuse) wehren (Nr. 22, Weg), womit gleichzeitig eine bestimmte Lebensphase (Nr. 36, Kreuz) zu Ende geht.

Karte 18, *Der Hund:*

Falsche Freunde profitieren von seinem Vermögen (Nr. 23, Mäuse, und Nr. 31, Sonne), was den Fragesteller zwingt, eine Lösung zu finden (Nr. 22, Weg), damit er in finanziellen und sein Vermögen betreffenden Unternehmungen (Nr. 34, Fische, und Nr. 33, Schlüssel) erfolgreich sein kann.

Karte 19, *Der Turm:*

Der Ratsuchende wird gewarnt (Nr. 10, Sense) vor Konflikten (Nr. 11, Rute) und Widerstand (Nr. 21, Berg) im alltäglichen Leben, die sein Glück untergraben und Schwierigkeiten verursachen (Nr. 6, Wolken).

Karte 20, *Der Garten:*

Der Fragesteller unterhält eine lange und treue Freundschaft (Nr. 20, Garten) zu einer hilfsbereiten, starken Persönlichkeit (Nr. 15, Bär), von der er Neuigkeiten erfährt (Nr. 27, Brief). Es handelt sich um eine treue Freundin, die durch häuslichen Kummer (Nr. 30, Lilien) verunsichert ist. Der Ratsuchende muß auf seine Gesundheit achten (Nr. 5, Baum). Sorgen werden sich auflösen (Nr. 2, Klee) durch Neuigkeiten (Nr. 27, Brief). Der Fragesteller fühlt sich nicht immer in seiner beruflichen Karriere gewürdigt (Nr. 30, Lilien, und Nr. 32, Mond).

Karte 21, *Der Berg:*

Widerstand (Nr. 21, Berg) in einem Haus, das weit entfernt liegt (Nr. 4, Haus, und Nr. 3, Schiff). Der Fragesteller muß hier mit Mißerfolgen in seinen Unternehmungen rechnen (Nr. 16, Sterne). Er wird jedoch durch mächtige Freunde unterstützt und beschützt, mit denen ihn eine Freundschaft fürs Leben verbindet (Nr. 24, Herz, und Nr. 25, Ring). (Nr. 21, Berg, liegt weit vom Fragesteller entfernt, und die helle Seite der Wolken ist dem Berg zugewandt, deshalb sind die Schwierigkeiten lösbar).

Karte 22, *Der Weg:*

Diese Karte warnt vor Diebstahl und Vermögensverlust (Nr. 23, Mäuse, und Nr. 31, Sonne), verursacht durch falsche Freunde, die den Fragesteller übervorteilen (Nr. 18, Hund, neben Nr. 23, Mäuse). Eine Dame (Nr. 29, Dame) kommt dem Fragesteller zu Hilfe; sie wartet treu auf ihn (Nr. 35, Anker).

Hier wird das Ende einer Periode angekündigt (Nr. 36, Kreuz), da der Ratsuchende seinen Wohnort wechselt (Nr. 17, Storch). Seine frühere Wohnung hat er mit jemandem geteilt, der ihn ausgenutzt (Nr. 23, Mäuse, und Nr. 18, Hund) und sein Vermögen und sein häusliches Glück untergraben hat (Nr. 31, Sonne, und Nr. 30, Lilien). All dies trägt dazu bei, daß er in seinem Leben an einen Wendepunkt gelangen wird, an dem er eine wichtige Entscheidung treffen muß (Nr. 22, Weg).

Karte 23, *Die Mäuse:*

Der Fragesteller bricht (Nr. 36, Kreuz) mit falschen Freunden und Schmarotzern (Nr. 18, Hund, und Nr. 23, Mäuse), die sein Vermögen gefährlich „angenagt" haben (Nr. 31, Sonne). Diese Entscheidung eröffnet ihm neue Wege (Nr. 22, Weg).

Karte 24, *Das Herz:*

Der Fragesteller denkt daran, auf Reisen zu gehen (Nr. 12, Vögel), um eine Geliebte (Nr. 24, Herz) aufzusuchen. Doch muß er in dieser Hinsicht mit Schwierigkeiten und Widerstand (Nr. 11, Rute, und Nr. 21, Berg) im alltäglichen Leben (Nr. 9, Blumenstrauß) rechnen. In seiner Umgebung gibt es Menschen, die nicht vertrauenswürdig sind und seinen Herzenswünschen im Wege stehen (Nr. 14, Fuchs, und Nr. 13, Kind). Der Fragesteller wird Nachrichten von weither (Nr. 26, Buch) erhalten, von jemandem, der ihm sehr zugetan ist (Nr. 24, Herz).

Karte 25, *Der Ring:*

Liegt rechts vom Fragesteller, was eine glückliche Ehe (Nr. 24, Herz) und ein glückliches Leben (Nr. 9, Blumenstrauß) anzeigt. Er wird eine Nachricht aus der Ferne erhalten (Nr. 1, Reiter), die eine glückliche Wiedervereinigung ankündigt (Nr. 26, Buch, und Nr. 25, Ring). Telefonische Nachricht ist zu erwarten (Nr. 1, Reiter), die aus einem weit vom Fragesteller entfernten Haus stammt (Nr. 4, Haus, und Nr. 3, Schiff), über neue Unternehmungen (Nr. 16, Sterne) zusammen mit einem Geschäftspartner (Nr. 16, Sterne, und Nr. 25, Ring).

In Alltagsangelegenheiten ist mit Widerstand zu rechnen (Nr. 21, Berg, und Nr. 9, Blumenstrauß), was man jedoch nicht zu ernst nehmen sollte (die helle Seite der Wolken liegt neben dem Berg).

Karte 26, *Das Buch:*
Jemand versucht, dem Fragesteller in der Liebe eine Falle zu stellen oder aber seine Liebe vor dem Fragesteller geheimzuhalten (Nr. 14, Fuchs, Nr. 24, Herz, und Nr. 25, Ring).

Der Fragesteller wird sich mit einem Partner an neue Vorhaben wagen (Nr. 16, Sterne, und Nr. 25, Ring). Dies wird durch eine Nachricht aus der Ferne signalisiert (Nr. 1, Reiter), wodurch sich seine Sorgen auflösen werden (Nr. 2, Klee). Die gute Nachricht aus der Ferne stammt von einer mütterlichen, starken Person (Nr. 27, Brief, und Nr. 15, Bär).

Karte 27, *Der Brief:*

Jemand in der Umgebung hält etwas vor dem Fragesteller verborgen (Nr. 14, Fuchs, und Nr. 26, Buch).

Er wird eine gute Nachricht von weither erhalten, die möglicherweise telefonisch übermittelt wird (Nr. 27, Brief, Nr. 26, Buch, und Nr. 1, Reiter). Sie stammt von einer starken Persönlichkeit (Nr. 15, Bär), die ihm seine Sorgen nehmen wird (Nr. 2, Klee) und seine Position in einer schönen Umgebung verstärken wird, wo er neue Freunde finden und günstige Beziehungen aufnehmen kann (Nr. 5, Baum, und Nr. 20, Garten).

Karte 28, *Der Herr:*

Diese Karte repräsentiert den Fragesteller selbst. Er muß sich vor dem Verlust großer Geldsummen im Geschäftsleben hüten, weil eine verräterische und eifersüchtige Person ihm sein Glück in der Liebe und im Beruf neidet (Nr. 8, Sarg, Nr. 35, Anker, Nr. 7, Schlange, und Nr. 15, Bär).

Eine mütterliche und beschützende Frau (Nr. 15, Bär, und Nr. 29, Dame) wird ihm eine briefliche oder mündliche Mitteilung zukommen lassen (Nr. 27, Brief), die ihn glücklich machen und ihm die Gelegenheit zu neuen Freundschaften eröffnen wird (Nr. 20, Garten, und Nr. 30, Lilien). Diese Dame wird Kummer in ihrem Privatleben (Nr. 30, Lilien) haben und sich in Liebesangelegenheiten unsicher fühlen (Nr. 30, Lilien, und Nr. 35, Anker).

Eine liebevolle und treue Freundschaft scheint zu Ende zu gehen (Nr. 8, Sarg, Nr. 35, Anker, Nr. 29, Dame, und Nr. 30, Lilien, die unterhalb der Personenkarte liegen). Der Kontakt wird jedoch wieder aufleben (Nr. 27, Brief, und Nr. 24, Herz) in der Zukunft.

Karte 29, *Die Dame:*

Liegt neben der Personenkarte und spielt folglich eine große Rolle im Leben des Fragestellers. Sie hat Kummer mit ihrem wankelmütigen Herzensfreund (Nr. 30, Lilien, liegt unterhalb, und Nr. 35, Anker), und er wird sich bemühen müssen, wenn er sie wieder für sich gewinnen will (Nr. 35, Anker, Nr. 8, Sarg, und Nr. 20, Garten). Sie hat unter der Situation gelitten (Nr. 36, Kreuz) und versucht, neue Wege einzuschlagen (Nr. 22, Weg), in der Hoffnung auf einen neuen, glückbringenden Anfang (Nr. 31, Sonne, und Nr. 33, Schlüssel).

Karte 30, *Die Lilien:*

Liegen unterhalb der Personenkarte (Nr. 29, Dame), was auf eine unsichere und sorgenvolle Frau hindeutet, die in einer schwierigen privaten Situation lebt (Nr. 30, Lilien). Die Dame wird sich auf den Weg zu dem Herrn machen (Nr. 22, Weg), was zu einem sonnigen und optimistischen Neuanfang führen könnte (Nr. 31, Sonne, und Nr. 33, Schlüssel), der fruchtbare neue Vorhaben (Nr. 33, Schlüssel, und Nr. 32, Mond) in einer freundlichen Umgebung initiieren wird, die mit dem Gesundheitswesen in Zusammenhang stehen (Nr. 20, Garten, und Nr. 5, Baum).

Karte 31, *Die Sonne:*

Das Glück des Fragestellers ist durch falsche Freunde untergraben worden, die sich seinen Reichtum und seine gewinnbringenden Aktivitäten (Nr. 31, Sonne, Nr. 18, Hund, Nr. 23, Mäuse und Nr. 34, Fische) zunutze gemacht haben.

Dadurch sind bestimmte Pläne bezüglich seiner beruflichen Karriere fehlgeschlagen und/oder sabotiert worden (Nr. 33, Schlüssel, und Nr. 32, Mond). Neue Wege eröffnen sich möglicherweise durch eine Dame (Nr. 22, Weg, und Nr. 29, Dame), die ihm neue Hoffnung auf ein glückliches Leben geben könnte (Nr. 30, Lilien).

Karte 32, *Der Mond:*

Beruflich ist er im Gesundheitswesen tätig (Nr. 32, Mond, und Nr. 5, Baum), und zwar an einem Ort, wo viele Menschen zusammenkommen (Nr. 20, Garten). Dort wird er förderliche neue Beziehungen aufnehmen können (Nr. 20, Garten, und Nr. 30, Lilien).

Seine Erwartungen und Pläne haben Aussicht auf Gelingen, und er wird einen erfolgreichen Neuanfang wagen können (Nr. 33, Schlüssel, und Nr. 31, Sonne).

Karte 33, *Der Schlüssel:*

Erfolg bei neuen Vorhaben (Nr. 31, Sonne, Nr. 30, Lilien, und Nr. 32, Mond). Freunde werden ihm bei seinen erfolgbringenden Unternehmungen helfen (Nr. 18, Hund und Nr. 34, Fische).

Karte 34, *Die Fische:*

Liegen weit vom Herrn entfernt, was bedeutet, daß er Schwierigkeiten hat, seine neuen Vorhaben ins Rollen zu bringen. Doch werden Freunde (Nr. 18, Hund) dem Fragesteller helfen, seine Pläne und Unternehmungen erfolgreich zu realisieren (Nr. 33, Schlüssel, und Nr. 31, Sonne).

Karte 35, *Der Anker:*

Erfolgreiche Geschäftsunternehmungen und glückliche Liebesbeziehungen können ihrem Ende entgegengehen (Nr. 35, Anker, und Nr. 8, Sarg). Der Fragesteller sollte auf eine Dame achten, die Kummer hat und in ihrem Leben vor einem Wendepunkt steht (Nr. 36, Kreuz, und Nr. 22, Weg), da sie ihm auf seinem Lebensweg (Nr. 22, Weg) weiterhelfen kann.

Karte 36, *Das Kreuz:*

Der Fragesteller hat den Wohnort gewechselt (Nr. 17, Storch). Damit ist eine Periode zu Ende gegangen, in der er bestohlen wurde (Nr. 36, Kreuz, und Nr. 23, Mäuse). Auch hat er seit einiger Zeit keinen Kontakt zu einer treuen Dame gehabt (Nr. 36, Kreuz, Nr. 22, Weg, und Nr. 29, Dame)

f) Die „Weit entfernt/nahebei"-Methode in Vergangenheit, Gegenwart und Zukunft

Anhand dieser Methode können wir uns ein klares und umfassendes Bild von der Lebenssituation der/des Ratsuchenden machen. Dazu müssen wir allerdings die Bedeutung der einzelnen Karten gut kennen. Lesen Sie deshalb die Interpretationen zu allen 36 Karten noch einmal aufmerksam durch. In diesem System werden die Positionen der einzelnen Karten in Verbindung mit der Personenkarte und der Karte Nr. 6 (Wolken) gedeutet. Wir gehen wie folgt vor:

1. Wir mischen und legen alle 36 Karten in vier Reihen zu je acht sowie einer Reihe zu vier Karten aus (siehe Beispiel).

2. Zuerst suchen wir die Personenkarte. Bei einem Mann ist das die Karte Nr. 28 (Herr), bei einer Frau die Karte Nr. 29 (Dame), und bei einem Kind die Karte Nr. 13 (Kind). Bei der Deutung ist unser Ausgangspunkt immer die Personenkarte.

3. Von dieser Karte ausgehend zeichnen wir nun ein Kreuz: nach oben, nach unten und links und rechts. Alle Karten über und unter der Personenkarte, die auf diesem Kreuz liegen, repräsentieren die Gegenwart. Die Karten auf dem Kreuz links von der Personenkarte geben Auskunft über die Vergangenheit, die Karten rechts von der Personenkarte repräsentieren die Zukunft. Alle Karten auf dem Kreuz sind zentral für die Deutung und haben Vorrang vor den übrigen Karten. Wir interpretieren ihre Bedeutung deshalb besonders aufmerksam und berücksichtigen auch ihren gegenseitigen Einfluß.

131

4. Die Karte Nr. 6 (Wolken) ist bei der Deutung nach dieser Methode besonders wichtig. Liegt sie auf dem Kreuz, so müssen wir in unserem Leben mit großen Schwierigkeiten rechnen. Auch die Karten links und rechts von den Wolken sind wichtig. In der rechten Ecke dieser Karte sehen wir Felsen unter dunklen Gewitterwolken. Die Karte, die unmittelbar rechts neben den Wolken liegt, wird von diesen sehr negativ beeinflußt. Die linke Seite der Wolken übt einen günstigeren Einfluß auf die Karte an dieser Seite aus.

Bei der Karte Nr. 6 (Wolken) müssen wir ganz besonders wachsam sein und die umliegenden Karten ganz genau untersuchen.

Doch auch etwas weiter entfernt liegende Karten müssen wir im Auge behalten. Liegt die Karte Nr. 19 (Turm) in der Nähe der Wolken, dann müssen wir uns vor einer plötzlichen Erkrankung hüten. Liegt die Karte Nr. 6 nicht auf dem Kreuz, so ist ihr Einfluß weniger gefährlich.

5. Um ein vollständiges Bild zu erhalten, untersuchen wir zuerst die Bedeutung jeder einzelnen Karte sowie die Position, die sie im Schema einnimmt. Wir lesen alle 36 Karten nacheinander, so daß wir auch ihre Beziehungen untereinander erkennen können. Damit ist die Untersuchung nach der Methode „Weit entfernt/nahebei" abgeschlossen, und die/der Ratsuchende kann sich nun ein klares Bild über ihr/sein Leben in Vergangenheit, Gegenwart und Zukunft machen.

Beispiel für die „Weit entfernt/nahebei"-Methode in Vergangenheit, Gegenwart und Zukunft

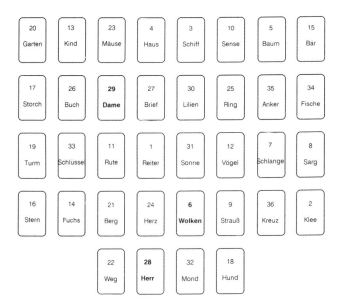

Deutung für eine Frau:
Wir suchen die Personenkarte der Fragestellerin auf und ziehen von dort aus ein Kreuz in die Vergangenheit, Gegenwart und Zukunft. Zunächst deuten wir die Karten der Vergangenheit.

Vergangenheit:

Karte 17, *Der Storch:*

Im Leben (Nr. 19, Turm) der Fragestellerin ist es in der Vergangenheit zu großen Veränderungen gekommen, da sie anläßlich einer Zusammenkunft, beispielsweise auf einem Fest (Nr. 20, Garten), Menschen getroffen hat, die ihr sehr positiv gegenüberstehen.

Karte 26, *Das Buch:*

Sie hat Beziehungen aufgenommen, die ihre geheimen Herzenswünsche (Nr. 26, Buch, und Nr. 13, Kind) in Erfüllung gehen lassen und ihr helfen könnten, bestimmte Pläne zu realisieren, die sie schon länger mit sich herumträgt (Nr. 33, Schlüssel). Die Herzenswünsche stehen mit Unternehmungen aus der Vergangenheit in Zusammenhang (Nr. 16, Sterne), bei denen sie von einem Menschen ihrer Umgebung betrogen worden ist (Nr. 14, Fuchs).

Gegenwart:

Karte 23, *Die Mäuse:*

Hier ist etwas gestohlen worden, das mit bestimmten Herzenswünschen oder einem Kind in Zusammenhang steht (Nr. 13, Kind). Man wird es der Ratsuchenden jedoch in Kürze zu

Hause zurückgeben (Nr. 4, das Haus, liegt in der nahen Zukunft).

Geheime Dokumente, die wichtige Nachrichten enthalten (Nr. 26, Buch, und Nr. 27, Brief), und die ihre berufliche Karriere und ihr zukünftiges Glück betreffen (Nr. 30, Lilien), sind gestohlen worden. Die Nachricht über diese Dokumente wird ihr per Telefon übermittelt oder mit der Post zugestellt werden (Nr. 1, Reiter), und zwar in naher Zukunft.

Karte 11, *Die Rute:*

Die Nachrichten, die sie in Kürze erreichen werden, stehen in Zusammenhang mit etwas in der Vergangenheit Neubegonnenem (Nr. 33, Schlüssel), und dies wird einigen Aufruhr verursachen (Nr. 11, Rute).

Karte 21, *Der Berg:*

Es wird zu Streit (Nr. 11, Rute) mit jemandem kommen, der sich ihr heftig widersetzt (Nr. 21, Berg).

Karte 22, *Der Weg:*

Sie steht vor einem Wendepunkt in ihrem Leben und muß daher sehr vorsichtig mit ihrer Entscheidung sein (Nr. 22, Weg, und Nr. 21, Berg). Dabei spielt ihr Partner eine große Rolle (Nr. 28, Herr, und Nr. 24, Herz). Er ist dagegen, daß sie die fragliche Arbeit übernimmt (Nr. 32, Mond, und Nr. 6, Wolken).

Wie wir sehen, müssen wir uns Informationen über die nahe

Zukunft verschaffen, um bestimmte Vorgänge der Gegenwart erklären zu können. Hier zeigt sich, wie wichtig es ist, auf die Beziehungen der Karten zueinander zu achten.

Zukunft:

Karte 27, *Der Brief:*

Die Fragestellerin wird zu Hause gute Nachrichten empfangen (Nr. 27, Brief, Nr. 4, Haus, Nr. 1, Reiter), die mit beruflichem Erfolg in Zusammenhang stehen (Nr. 30, Lilien, und Nr. 32, Mond). Ihr Partner wird diesen Neuigkeiten mit gemischten Gefühlen gegenüberstehen (Nr. 24, Herz, Nr. 28, Herr, Nr. 6, Wolken und Nr. 32, Mond).

Karte 30, *Die Lilien:*

Die Nachricht kommt von weither (Nr. 27, Brief, und Nr. 3, Schiff) und bezieht sich auf beruflichen Erfolg und Herzenswünsche (Nr. 30, Lilien), die ihr zu Glück, Reichtum und Optimismus verhelfen werden (Nr. 31, Sonne).

Karte 25, *Der Ring:*

Es wird zu Schwierigkeiten (Nr. 12, Vögel) in ihrer Ehe (Nr. 25, Ring) kommen. Sie muß vorsichtig sein, damit es nicht zu einem Bruch oder zu einer Scheidung kommt (Nr. 10, Sense).

Karte 35, *Der Anker:*

Im Bereich des Handels und/oder Gewerbes wird die Fragestellerin Glück haben, jedoch wird dies gleichzeitig zu Unsicherheit wegen der Eifersucht ihres Partners führen (Nr. 35,
Anker, und Nr. 7, Schlange), wodurch ihr Selbstvertrauen und
ihre Gesundheit untergraben werden (Nr. 35, Anker, und Nr. 5,
Baum).

Karte 34, *Die Fische:*

Die Zukunftspläne der Fragestellerin, die um Wohlstand und
Erfolg kreisen, werden durch Schwierigkeiten mit einer neidischen Person (Nr. 7, Schlange, und Nr. 15, Bär) getrübt. Sie
wird jedoch Hilfe von einer starken, mütterlichen Persönlichkeit erhalten (Nr. 5, Baum, und Nr. 15, Bär). Eine kummervol-
le und enttäuschende Situation mit dem Liebespartner (Nr. 2,
Klee, Nr. 36, Kreuz, Nr. 9, Blumenstrauß, Nr. 6, Wolken, Nr.
24, Herz, und Nr. 28, Herr) wird zu Ende gehen (Nr. 8, Sarg),
wodurch eine bestimmte Periode in ihrem Leben, die sie mit
einem eifersüchtigen und verräterischen Menschen verbracht
hat, zum Abschluß kommen wird (Nr. 7, Schlange, Nr. 36,
Kreuz).

Wir suchen nun die Karte Nr. 6 (Wolken) auf und stellen fest,
daß sie in der Nähe des Herrn liegt. Die Karten, die die Dame,
den Herrn und die Wolken verbinden, sind, von der Dame ausgehend: Der Brief: Neuigkeiten; Die Lilien: Beförderung; Die
Sonne: Das Glück; Die Wolken: Hindernisse; Der Mond: die
Karriere; Der Herr: der Liebespartner (das Herz liegt oberhalb
des Herrn); Der Weg: die Wahl; Der Berg: Widerstand; und Die

Rute: Streit. Auffällig ist auch, daß die Karte der Romanze, das Herz, zwischen den Wolken (Schwierigkeiten) und dem Berg (Widerstand) liegt. Ein haushohes Problem türmt sich zwischen den Liebespartnern auf.

Zusammenfassung:

Man wird der Fragestellerin in ihrem Beruf ein attraktives finanzielles Angebot unterbreiten, wodurch sie vor die Wahl zwischen ihrem Liebespartner und ihrer Karriere gestellt wird. Man muß ihr klar machen, daß sie in Zukunft vermutlich viel Geld verdienen kann, worunter aber ihre Ehe leiden wird, und daß es zu einem Bruch zwischen ihr und ihrem Partner kommen könnte. Sie hat die Wahl ...

7. Über die Autorin

Erna Droesbeke von Enge wurde 1952 in Antwerpen als Kind belgischer und niederländischer Eltern geboren. Sie ist von Beruf Malerin, Karten-Designerin, Autorin und Herausgeberin. Schon seit ihrer Kindheit haben Spielkarten eine besondere Bedeutung für sie, einen eigenen Code und eine eigene Sprache.

Durch hellseherische Träume erhielt sie Kontakt mit der Welt des Paranormalen und lernte auf diese Weise, zukünftige Ereignisse zu „sehen" und vorauszusagen.

Die Karten wurden für Frau Droesbeke zum wichtigsten Medium, um ihre Vorahnungen und Gedanken zu vermitteln. Ihr Wissen über die Welt des Paranormalen und ihre Kenntnisse des Tarot wirkten sich auch auf ihre künstlerischen Ambitionen aus: Sie entwarf selbst ein Orakelspiel, das „Tarot der Isis" (Parsifal Verlag, Antwerpen 1985), in dem die alte Tradition des Tarot mit modernen psychologischen Erkenntnissen zusammenfließt. Das „Tarot der Isis" wird deshalb nicht nur von Hellsehern, sondern auch von Psychologen benutzt.

Durch ihr Interesse am Tarot stieß Erna Droesbeke auf die Wahrsagekarten von Mlle. Lenormand. Die Tatsache, daß weder ein Buch über die 36 Karten dieser berühmten Hellseherin noch eine Deutung derselben zu finden war, weckte ihre Neugier, und sie machte sich selbst an die Arbeit. Aufgrund ihres eigenen Wissens über Tarot- und Orakelkarten schrieb sie ein Handbuch zu den 36 Karten von Mlle. Lenormand, in welchem die Kunst des Kartenlegens auf übersichtliche und einfache Weise Schritt für Schritt erklärt wird. Die Grundlage für dieses Handbuch bilden die spärlichen Informationen, die

139

über Mlle Lenormands Deutungen existieren. Frau Droesbeke hat diese Deutungen um eine vollkommen neue, an unsere heutigen Zeit orientierten Interpretation erweitert.

Jeder, der sich für die Kunst des Kartenlegens interessiert, sollte sich eingehend mit dem Wissen und den Wahrsagemethoden von Mlle. Lenormand auseinandersetzen. Die Karten dieser großen Hellseherin enthalten eine klare Botschaft, und sie sind überall auf der Welt zu finden. Sie liefern detaillierte Auskünfte über Ereignisse der Vergangenheit, Gegenwart und Zukunft. Wer diese Karten richtig zu lesen versteht, dem ist, als würde ein Film vor seinen Augen ablaufen.

Erna Droesbeke wünscht allen Lesern dieses Buches, daß sie durch Studium und Gebrauch der 36 Karten von Mlle. Lenormand zu tieferen Einsichten gelangen mögen!

Die Autorin hat neben dem „Tarot der Isis" auch das „Blumenorakel" entworfen und künstlerisch gestaltet, das auf dem Wissen und der Erfahrung von Mlle. Lenormand über das Wahrsagen mittels Blumen beruht sowie auf ihren eigenen Kenntnissen über Blumen, Parfüms und ätherische Öle.

Seit vielen Jahren leitet Frau Droesbeke zusammen mit Christian Vandekerkhove die Buchhandlung „De Alchemist" und den Verlag „Parsifal", die sich beide auf Bücher aus dem Bereich der Alternativliteratur und des Okkultismus spezialisiert haben. Beide Unternehmen existieren seit 1941 und gehören zu den ältesten okkulten Zentren der Niederlande und Belgiens.

Außerdem ist die Autorin Herausgeberin der Zeitschrift „De Alchemist", die über das New-Age-Geschehen in der Welt berichtet.

Erna Droesbeke hat die folgenden Werke entworfen und geschrieben: „Das Tarot der Isis", ein Buch mit Karten, erschienen in niederländischer, französischer, englischer und deutscher Sprache. „Het Bloemenorakel vogens de inzichten van Mlle. Lenormand" („Das Blumenorakel nach den Erkenntnissen von Mlle Lenormand"), „Voorspellen met Speelkaarten volgens de aloude Franse traditie van Mlle. Lenormand en Etteilla" („Wahrsagen mit Spielkarten nach der alten französischen Tradition von Mlle Lenormand und Eteilla") mit einem Wahrsagekartenspiel (Verlag Parsifal, Antwerpen 1988), „Werken met etherische olien" („Die Arbeit mit ätherischen Ölen", Verlag Parsifal, Antwerpen 1988) und „Kaartleggen met Mlle. Lenormand" („Kartenlegen mit Mlle Lenormand", Parsifal, Antwerpen 1987) – woraus dieses Buch hervorgegangen ist.